阿德勒的倾听术

沟通是听出来的

[日]岩井俊宪——著　　张　达——译

浙江人民出版社

“我碰到刚认识的人就不知道该说点儿啥了……”

“我有点儿不善言谈……”

“我这人说话一不小心就说过了……”

“我比较害羞，不太愿意见人……”

“我没办法坦诚地和别人交流，所以总觉得无法拉近与别人的距离……”

你是否曾被类似的问题困扰过?

前言

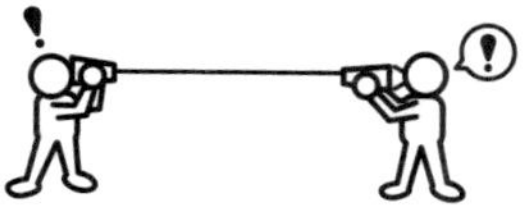

重视自我、同样珍视他人的阿德勒倾听术

我曾经在开研讨会、给公司员工做培训或是心理咨询等场合中接触过各式各样的人，他们会向我反馈一个很有共性的问题，那就是无论男女老少，人们普遍都会在人际沟通上存在这样或那样的困扰。除此之外，有的人从事的工作需要经常和别人交流，所以他们也会时常来向我请教如何才能提高自己的沟通技巧，以便提升自己的工作能力。

无论是出于哪种目的，当我们提到“沟通”时，人们都会不自觉地认为“能说会道”即是好事。因此，人们往往将注意力放在表达能力的提高上——

“我要练就三寸不烂之舌！”

“谈话的主动权必须得由我掌控啊！”

“我必须得把做汇报演讲的功夫磨练磨练！”

但是实际上，想要在人际交往中获得他人的信任，比起侃侃而谈，倾听的能力更为重要。

由阿尔弗雷德·阿德勒创立的阿德勒心理学，其理论与技术在改善人际沟通方面是非常有效的。

即便你不善言谈、羞于见人；抑或是与之相反，经常口不择言，但如果你能够掌握阿德勒的倾听方法，你就有能力让对方向你敞开心扉，进而与对方建立起彼此珍重、真诚相待的关系。

“建立沟通双方彼此珍重、真诚相待的关系”——

如果能够做到这一点，人际关系问题自然便会迎刃而解。

不善言谈的人，一般会有如下几个特点。

“不会说话”的人

- 不能流畅地表达想说的内容。
- 有时会被别人评论道：“听不懂他想说点儿什么。”
- 谈话时搞不清楚对方想表达的真实意思。
- 有时被人调侃：“你怎么絮絮叨叨的啊。”
- 可能从来没人跟你说过“我真愿意和你聊天儿”。

“畏首畏尾，羞于见人”的人

- ☑ 一不小心就把天给聊“死”了……
- ☑ 不擅长主动和别人搭话。
- ☑ 不知不觉就被周围人孤立了……
- ☑ 说话的时候非常紧张，脑子里一片空白。
- ☑ 不会接别人的话。

“话痨”的人

- ☑ 经常被指责：“你等会再说，我想问你刚才听我说话了吗？”
- ☑ 无论是在工作中还是在生活中都被别人评价道“你话也太多了吧”。
- ☑ 人际关系无法长久。
- ☑ 工作中总是没有什么突出的成绩。

这些问题都蛮让人困扰的。然而，如果你能够掌握可以让对方向你敞开心扉的倾听方法，以上这些问题都会迎刃而解。生活也许会变成另一番模样——

- ☑ 和别人聊天变成了一件轻松的事情。
- ☑ 生活中开始有人对你说："过两天再约啊！""改天咱们接着聊啊！"
- ☑ 即使没说多少话，仍然能够很容易地获得他人的信赖。
- ☑ 可以和别人真心地交流了。
- ☑ 能够很容易读懂别人的心思和感受。
- ☑ 得到他人的重视，让大家觉得"你很特别"。
- ☑ 自己想表达的意思也能够很容易被别人理解。

无论是工作中还是生活中，善于倾听的人往往都很受欢迎。

这本书，对于这样的你来说尤其值得一读。

- ☑ 和别人初次见面时没办法顺畅地交流的人。
- ☑ 觉得自己不善言谈的人。
- ☑ 不自觉地想要远离别人的人。
- ☑ 正在从事的工作要求经常“倾听他人”的人。
- ☑ 从事需要领导下属等管理类工作的人。
- ☑ 经常需要开会或讨论的人。
- ☑ 需要和客户维系良好关系的销售人员。
- ☑ 想要和朋友、伴侣真心交流的人。
- ☑ 经常被质疑“你刚才听我说话了吗”的人。
- ☑ 一不小心话就说过头了的人。

如果你能够掌握阿德勒倾听术，你会发现世界似乎一下子拓宽了许多。

“我想和每个人真诚地交流！”

“我想让周围的人更加信任我！”

“我想让别人更愿意和我交流，感受到我的重要！”

如果你有类似上述的愿望，那么我诚挚地邀请你来读一读这本书。在这里，你可以获得好的倾听能力带给你的力量，然后用它去与他人建立彼此珍视的人际关系吧！

岩井俊宪

目　录

第二章

善于倾听的人的 6 个特征

第三章

这个一定得掌握！倾听方法的基础

第四章

让人觉得“非你不可！”的倾听方法的应用

第五章

不同场合的谈话示例——工作篇

第六章

不同场合的谈话示例——私人生活篇

第七章

了解自己和对方的人格类型

序章

阿德勒心理学的基本术语

阿德勒心理学中术语众多，我们在本章中挑选出了与倾听方法有关的术语和思想加以解读。

什么是阿德勒心理学？

本书将基于阿德勒心理学的思想对“倾听方法”和“沟通技巧”进行解读。那么，阿德勒心理学到底是什么呢？

1 在欧美心理学界，阿德勒、弗洛伊德和荣格被并称为“心理学三巨头”。

2 该理论由阿德勒创立，并在众多后继者的努力下持续不断地发展。

3 阿德勒心理学所强调的倾听方法和沟通技巧，在领导下属、育儿以及心理咨询等方面显示出了极佳的效果。

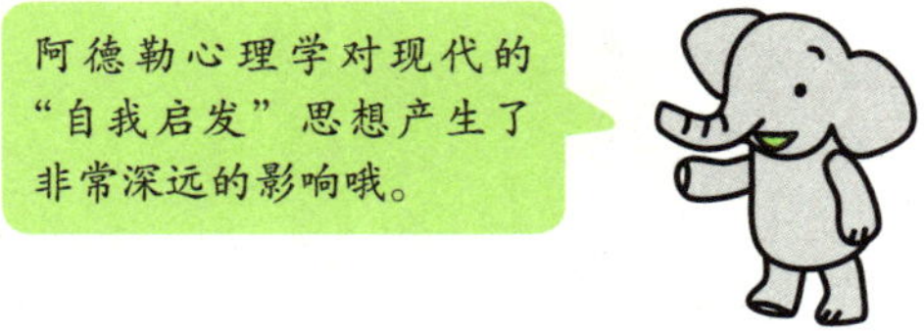

阿德勒心理学概述

阿德勒心理学的理论内容，大致可以归纳为如下几个部分。

赋予勇气（鼓励）

给予自己和他人克服困难的力量

自我决定论：人是可以掌控自己的命运的。

目的论：人的行为一定有其目的。

整体论：人本来就是个矛盾的集合体，每个人的内部都存在着各种不同的层面。

认知论：人都是透过自己独一无二的眼镜（主观性）来认识世界的。

人际关系论：人的任何行动都离不开人际关系，都指向一定的对象。

共同体感觉

一种怀着“我有我的容身之所”“他人是可以被信赖的”“我是有用的”这些信念生活的感觉

从下页开始，我们将对上面提到的内容中与“倾听方法”“沟通技巧”有关的用语进行详细解读。

赋予勇气（鼓励）

阿德勒心理学也被誉为“赋予勇气（鼓励）的心理学”。所谓“赋予勇气（鼓励）”，是指给人以克服困难的动力。如果有了鼓励的习惯，即便是面对重重考验，人们仍然能够凭借自身努力培养出克服困难的力量。

那么什么是鼓励呢?

1 “鼓励”是指“帮助自己和他人获得克服困难的动力”的过程。

2 “鼓励”并不是简单的表扬或是激励。

3 “鼓励”不仅能让原本就有活力的人更加元气满满，更是能够让情绪低落的，甚至是陷入抑郁状态的人重拾信心。

4 在赋予他人勇气的同时也能够给自己赋能。

5 “鼓励”是一种以“尊重”“信赖”“共情”为基础，帮助人们构建和谐的人际关系的方法。

在与他人建立人际关系时，如果你拥有赋予他人勇气的能力，就会让对方觉得“这个人真值得信赖啊！”

“表扬”的话与“鼓励”的话的不同特征

“表扬”的话

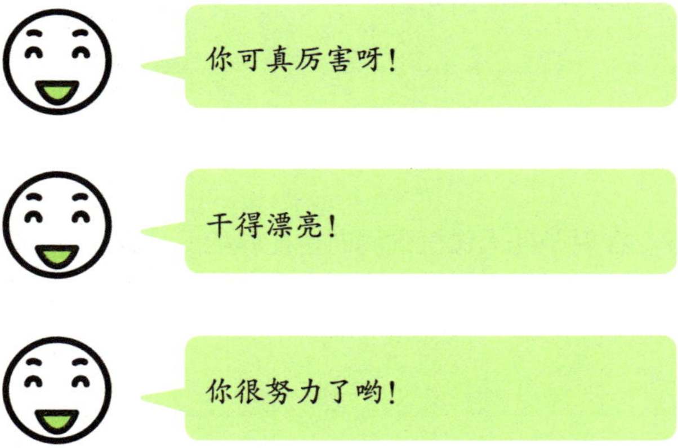

“表扬”的弊端

- 乍一看好像在传递正面的信息，但实际上暗含着居高临下评判对方的意味。
- 可能会让对方感到有压力。
- 听惯了“表扬”的人可能会变得没有表扬和奖励就不会付诸努力了……

“鼓励”的话

看到你的愿望达成了我也很替你开心啊！

这就是你努力的结果呀！

你这次的支持对我的帮助太大了！

“鼓励”的话产生的效果

- “鼓励”是以尊重、信赖和共情为基础的，因此更容易构建起彼此信赖的人际关系。
- 对方听到后会感受到自身的力量，从而自发地行动起来。

“鼓励他人”必须具备的 3 种态度

鼓励他人需要有 3 种态度：贴近对方的“共情”的态度；无论对方做了什么，仍然能够发现其出发点上善意部分的“信赖”的态度；具有平等的观念，无条件地以礼相待的“尊重”的态度。如果能够做到这 3 点，我们在人际交往时自然而然就会呈现出鼓励的姿态，让对方更愿意向我们敞开心扉。

“鼓励他人”的 5 种技术

“鼓励他人”的技术有如下 5 种。无论是在工作中还是私人谈话中，如果你能够把这些技术运用好，那么你会成为一个非常好的倾听者，让对方更愿意向你敞开心扉。

1 表达感谢

找到对方身上值得感谢的地方，并将这种感谢在言语和态度上表达出来。

2 积极取向

养成关注他人优点的习惯，并当面称赞。

3 努力成为好的倾听者

在交谈时尽量放弃自己的喋喋不休，让对方成为主角，自己则扮演好倾听者的角色。

4 认可他人的进步和成长

关注他人在努力过程中细微的进步和成长，并把你的赞赏传递给他。

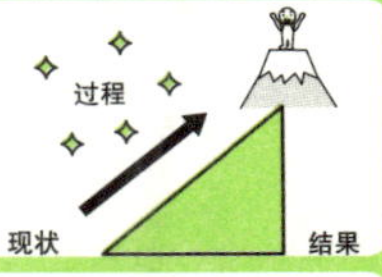

5 允许失败

当别人失败的时候，不要去指责，而是给予对方温暖的包容。

让我们有意识地练习这些技术，提高倾听能力吧！

目的论

所谓目的论，是指人的行为一定有其背后的意图和目的。这个观点与“原因论”刚好相反。“原因论”认为，过去发生的事情作为原因，对现在的结果有着重大的影响。

在听别人说某件事的时候，如果把注意力放在其产生的原因上，纠结于“为什么会变成这样呢”，对方可能就会有一种被你指责的感觉，进而无法向你敞开心扉。但如果我们采取建设性的态度，将目光转向未来——“那么接下来我们可以做点什么呢”，它就能加深对方对我们的信任感。

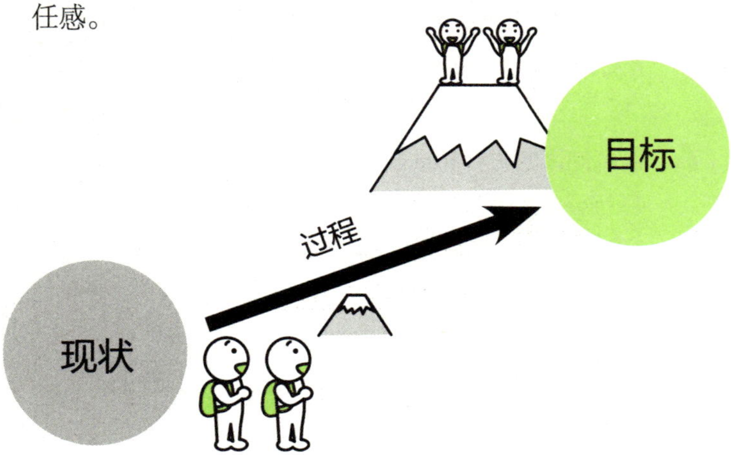

秉持“原因论”的话，你会这样提问

“你为什么要做那种事啊？”

“你觉得为啥会变成那样呢？”

秉持“目的论”的话，你会这样提问

“你觉得接下来咱们可以做点什么？”

“你能告诉我你真实的想法吗？你希望怎么样？”

原因论与目的论的区别

原因论

- 重视“Why”，出发点是追究“为什么会这样”。
- 意识是朝向过去的。
- 容易关注到对方的不足和负面的地方。
- 对方可能会有被指责的感觉。

目的论

- 重视“How”,出发点在于“接下来能够做些什么呢”。
- 意识是面向未来的。
- 着眼于对方身上存在的发展性和可能性的部分。
- 会让对方更容易有“被共情到了”“被支持到了”的感觉。

想要让对方向我们敞开心扉，在倾听的时候就需要秉持“目的论”的态度，去理解对方之所以这么做想要达到的目的是什么。

认知论

每个人都有自己独有的看待事物的方式。这就像是人们都戴着一副私人定制的眼镜，用这副眼镜来看世界，用它来解释经验和事件，做出决定并采取行动。这就是所谓的“认知论”。

基本错误

在阿德勒心理学中，人们对事物的看法由于个人的主观性而发生扭曲的现象被称为“Basic Mistake”，即“基本错误”。基本错误主要有 5 个类型。

极端化思维

坚信只是有可能发生的事情一定会发生。

明天他肯定还会迟到。

夸张

把事情放大，小题大做。

那个家伙天天迟到。

过度概括

如果事情的某个部分进展不顺利，就会认为其他部分也不会顺利。

爱迟到的人，工作肯定也干不好。

心理过滤	只关注事情的某一个侧面，反而把更重要的部分忽略掉了。	尽管我在客户中有很好的口碑，但因为我迟到了，所有的事情都没办法顺利进行了。
错误的价值观	没有价值的东西就没有存在的意义。	迟到的人就是人品恶劣，应该赶紧辞职！

列举各类“有色眼镜”（看待事物的不同方式）

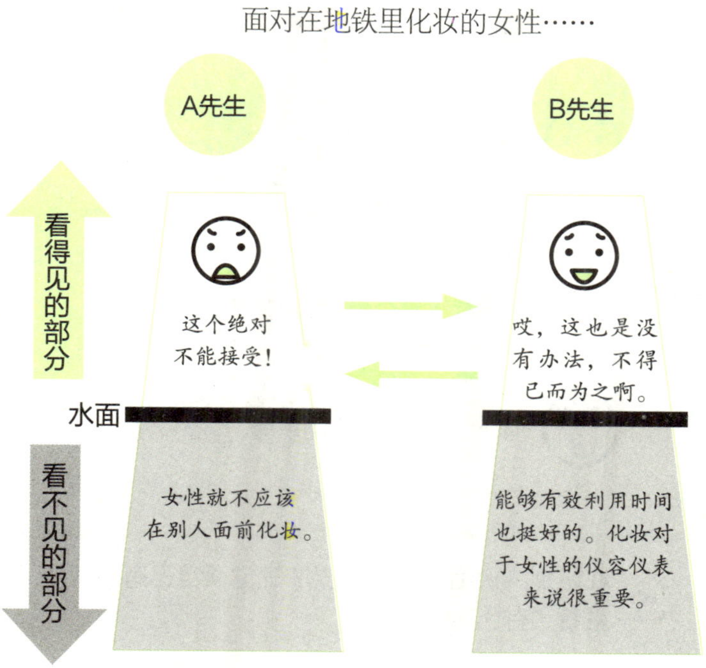

我们应该始终对他人看待事物的方式（眼镜）抱有兴趣

目的不是要让所有人观点统一，
重要的是允许不同的观点得到表达。

摘下“有色眼镜”，用心倾听的 3 个方法

1 听别人说话时，要把他的观点和事实区分开来

2 确认对方的看法是否有切实的根据

3 在听别人说话的时候，要注意觉察自己有没有戴着“有色眼镜”

人际关系论

阿德勒说："人类所有的行为都有其对象，这意味着所有行为都离不开人际关系。"在阿德勒心理学中，这种重视人际关系的思维方式被称为人际关系论。

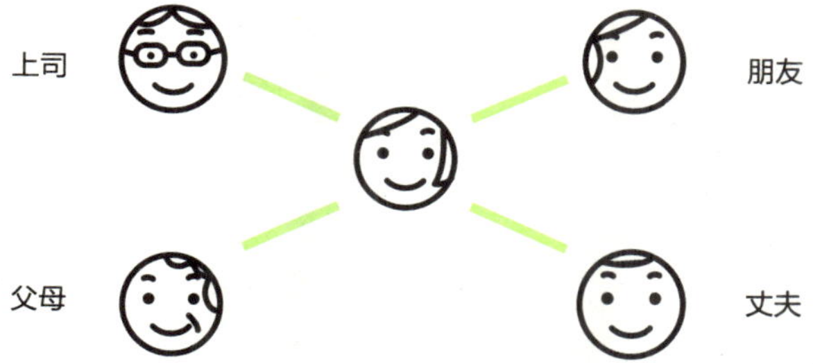

在听别人说话时要注意的 3 个要点

1 不要想着改变别人。

2 如果想了解某人，可以观察他们的人际关系模式。

3 要牢记：关系是平等的（横向关系）。

横向关系

横向关系是指与他人建立平等的关系，这是阿德勒心理学中非常重要的概念。无论是作为上司指导下属，还是作为咨询师面对来访者，在倾听他人说话时，与对方保持横向关系非常重要。

即便立场、年龄和职位等存在差异，作为人我们都是平等的。当我们能够本着这样一种信念去倾听对方时，真正意义上彼此信赖的关系便建立起来了。

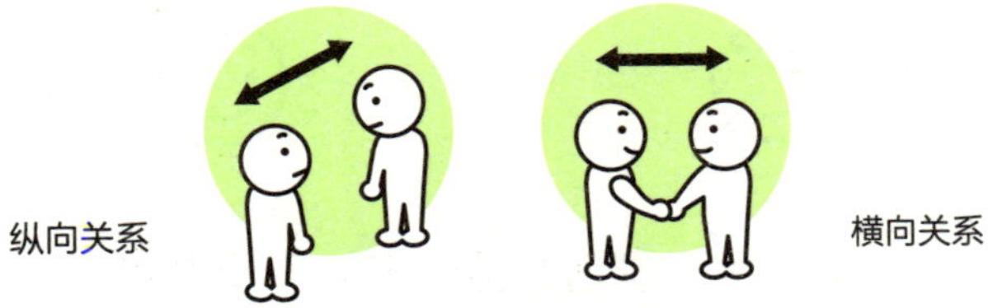

构建横向关系的 3 个要点

1 不要试图居高临下。

2 当然也不必卑躬屈膝。

3 本着相互信赖、共情、合作的态度去交流。

共　情

阿德勒心理学中的共情是指感兴趣于别人感兴趣的事情。人际关系不好的人通常只对自己感兴趣，与人打交道的时候一般都是以自我为中心。

与之相反，共情能力强的人会以理解对方为目的，努力地倾听和提问，话题都是围绕对方展开的。因此，他们能够架起人与人之间心灵沟通的桥梁。

阿德勒心理学中的这个观点也被广泛用于心理咨询。想要成为更好的倾听者，共情至关重要。

共情能力强的人	只对自己感兴趣的人
 话题围绕他人展开	 话题都是以自我为中心的
 不时向对方提问	 基本不问对方问题
 与对方有心和心的交流，让人好感爆棚	 很难和别人聊下去
 用对方的眼睛去看，用对方的耳朵去听，用对方的心去感受	 只用自己的眼睛去看，自己的耳朵去听，自己的心去感受

课题分离

课题分离是人际关系论中与横向关系同等重要的一个概念，我们举个例子来解释一下。比如，某天工作中出现了一个问题，实际上并没有要求我做出解释，但我却不自觉地辩解了起来；别人遇到了一个麻烦，我特别想去帮忙，结果帮着帮着事情落到了我的头上；某人遇到了一件烦心事儿，结果最后我跟着担心了起来……你曾经经历过这样的事情吗？

课题分离是指在和他人的关系中，能够分清眼前的事是自己的还是他人的。是别人的事便不去过多干涉，是自己的事也不让别人越界干涉。

人们没有做好课题分离的时候往往会说的话

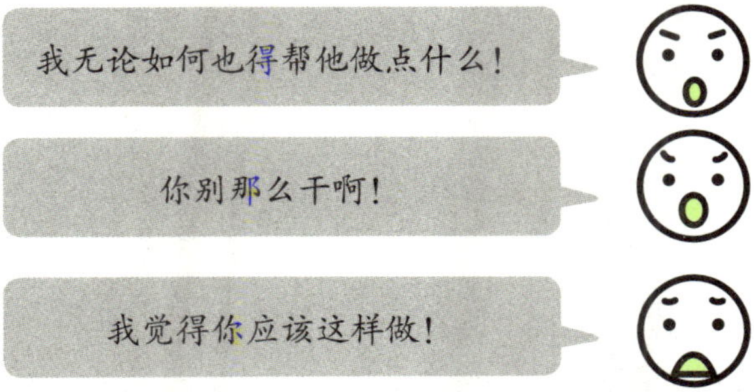

心理咨询师在工作中需要倾听来访者内心深处的困扰，在这个过程中有时候会出现一种情况，咨询师听着听着也陷入了和来访者一样的症状当中。这就是由于没有做好课题分离。因此，在听别人说话的时候一定要保有一个意识，就是“对方的课题是对方的事情”，这是防止关系产生依赖性，构建边界清晰的人际关系的一个重要原则。

分离课题，用心倾听的 3 个技巧

1 不要试图去接管别人的问题。

2 你要相信当事人是有能力解决自己的问题的。

3 在没有被求助的情况下尽量不要给别人建议或是帮助

因为对方可能不需要。只在对方明确地向你求助的时候再去伸出援助之手吧！

专栏

阿德勒心理学的传播

阿德勒心理学的创始人阿尔弗雷德·阿德勒于1870年出生于奥地利，曾经是一名眼科、内科、精神科医生。后来经过与精神分析的创始人西格蒙德·弗洛伊德的深入交流，逐渐形成了自己的理论体系，即“个体心理学”。阿德勒心理学是在个体心理学的基础上发展起来的。

阿德勒出生的时候正值第一次世界大战刚刚结束，作为“一战”中战败国的奥地利此时正在经历着剧烈的民主化进程，随之而来的自然也有各种各样的社会问题。在这样的背景下，阿德勒潜心致力于教育事业，并在维也纳成立了世界上第一家儿童心理咨询机构。

近些年来，阿德勒心理学在世界范围内得到了广泛传播，不仅被应用于教育领域，还被应用于商业领域，取得了良好的效果。我认为，今后，阿德勒心理学的理念将不再局限于心理咨询和管理学的领域，而是会逐渐渗透到与人们生活息息相关的各个领域中，帮助人们面对和解决各式各样的挑战。

第一章

不善于倾听的人的 5 个特征

不善于倾听的人的特征主要可以归纳为下面这 5 点。快来看看，你和你周围的人的身上是不是也有类似的情况呢？

特征1 别人说话的时候爱插嘴

有这一特征的人往往没办法听别人把话说完，忍不住就要在别人正说着的时候插嘴打断对方。这样的人通常被视为“自说自话”的人。如果总是如此，对方就会觉得你对他所说的内容毫无兴趣，不愿意听。

特征 2 不能集中注意力听别人说话

有这一特征的人在别人和自己说事情时，总是一边忙着手上的活儿，一边左耳朵进右耳朵出地听人说话。在他很忙或是他对对方说的话没啥兴趣的时候更是如此。遇到这样的情况，说话人一般会觉得“他根本没在意我”“他对我真是漠不关心啊”。

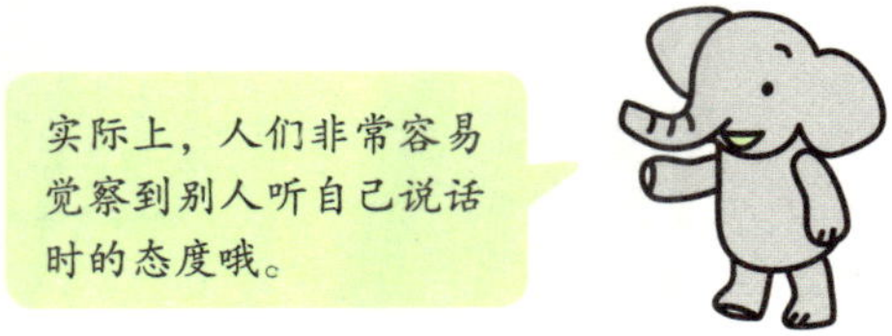

特征 3 总是自说自话

有这一特征的人谈话时往往不给别人讲话的机会，自顾自地滔滔不绝。他自己说得很开心，但是完全没有考虑到听者的感受，于是就很难与别人建立横向而亲密的关系。

特征 4 别人说什么都不给反馈

无论对方多么努力地想要沟通，有这一特征的人好像都没什么反应，也不愿意跟别人表达自己的感受。这种表现常见于人际关系不好的人身上。说话的人碰到这种情况会觉得“你是不是不喜欢我啊……”

特征 5 习惯否定他人，好为人师

有这一特征的人经常居高临下，以评价别人的态度听别人说话，如果对方表达的观点和自己的不一样，就会否定对方，或是开始喋喋不休地说教。这样的人时常会觉得他们这么做是为对方着想，但实际上被说教的人可能会觉得“你根本不能理解我”“看来跟你说你也帮不了我”，甚至会觉得“你这是在否定我整个人”。让对方产生了这样的想法，关系自然而然就会越来越疏远。

一点建议

善于倾听的人才有容身之处

沟通让人们彼此联系在一起。然而不幸的是，具有上述 5 个特征的人虽然也在“沟通”，但这种“沟通”只会让他们和别人渐行渐远。

只有好的倾听，才能够让你无论在工作中还是在家庭中都能找到自己的位置。认真地倾听对方 = 以对方为重。有的人也许能说会道，但不是所有的人都喜欢这一点。

人与人之间的关系会在沟通中逐渐亲密起来。如果你想要成为值得别人信赖的人，那么就先好好磨练自己的倾听能力吧！

专栏

与其发条微信，不如见面聊吧

随着手机的普及和技术的发展，通过电子邮件、微信等方式发送日程安排、协议内容、表达感谢等已经成为一种很普遍而且很方便的沟通方式了。然而，便捷的沟通有时也会给我们带来麻烦，比如只看文字可能会误解对方想要表达的意思而产生不快，这是我们需要注意的。这个弊端，面对面的交谈是可以避免的。在当面交流时，我们传递的不只是语言信息，还有很多非语言信息（手势、面部表情、语气等），使倾听的一方能更准确地理解你的意思。与此同时，我们也可以通过观察对方的反应来随时改变表达方式，以便对方能够准确接收到我们传递的信息。

发送信息的另一个弊端是信息可以被反复阅读。比如我们收到一条别人抱怨我们的信息，每次翻到这条信息的时候我们可能都会重新感受到对方的愤怒或是悲伤的情绪，这会让我们感觉很糟糕。**因此，发送带有负面情绪（特别是愤怒）或是否定对方人格的内容时要特别小心。**

综上所述，最好的方式是我们尽量不去依赖手机，有机会的话就见面聊聊，聊着聊着人际关系也会越来越好哦。

第二章

善于倾听的人的 6 个特征

那么，善于倾听的人一般都是什么样子的呢？总结起来，他们身上一般会有如下 6 个特征。接下来让我们逐一来看。

特征1 用全身的肢体语言回应对方

如果你可以做到这点的话 会让对方觉得："和你聊天真有趣！"

在人际交往过程中，易懂是非常重要的。一个好的倾听者会表现出自己在用整个身心倾听对方，而不仅仅是用语言做出回应。如果你希望让别人在跟你聊天之后觉得"真期待下次和你见面啊""真想和你再聊一会儿"，那么就去尝试一下用全身的肢体语言回应对方吧。

特征 2 听别人把话说完

如果你可以做到这点的话

会让对方觉得："这个人真靠谱！"

性子急的人往往会让别人觉得不踏实，没办法放心。安全感和信任感对于和他人建立深厚的人际关系至关重要。**因此，善于倾听的人都很了解一件事的重要性，就是要配合说话者的节奏，别着急。**

等待＝珍视对方。有的人说话慢条斯理，有的人则心直口快，还有的人深思熟虑之后才开口……每个人有各自的习惯，而那些善于倾听的人能够耐心等待对方把话说完。

特征 3 能够通过提问让话题得到延伸

如果你可以做到这点的话　你和对方会更深入地了解彼此！

毫不夸张地说，对话的质量取决于听的一方。如果倾听者善于提问和引导，那么整个对话将充满新的发现和拓展。

例如在工作中，如果你擅长提问，对方的想法和要求会随着交流的进行而变得越来越清晰。同时，它也会使你们的关系一下子得到加深，对方不仅愿意和你共事，也愿意在生活中和你成为可以互相信赖的朋友。

特征 4 “多听少说”，花更多时间在倾听上

如果你可以做到这点的话

即便不善言谈也能够和别人亲密无间!

想要与他人建立良好的关系，比起侃侃而谈，更应该将精力花在专注倾听之上。例如，优秀的营业员会仔细倾听客户目前面临着什么样的困难，想要解决什么问题，从而根据对方的要求提供能够让对方满意的商品。所以，优秀的营业员不一定非得说长篇大论的、压得对方喘不上气的销售话术。

人是一种喜欢被别人倾听的生物。这就是为什么擅长倾听的人无论是在工作中还是在生活中都那么受欢迎的原因。

特征 5 谈论积极的方面

如果你可以做到这点的话

你会发现周围积极向上的人越来越多！

“和那个人待在一块的时候感觉心情都变好了。”“和他待时间长了，我觉得我都变得积极向上了。”——如果周围人都这样评价你，说明你在倾听别人的时候，给予他人的回应都是积极正面的。而这会产生一种效应，就是周围积极向上的人会越来越多，这样的人际关系往往是相当令人愉悦的。

如果你不想让自己置身于满是牢骚和批评的环境之中，那么我建议你从自身做起，养成用积极正面的话回应他人的习惯。

特征 6 善于鼓励

如果你可以做到这点的话

你在支持别人的同时也会得到别人的支持！

在阿德勒心理学中，“鼓励”是一个非常重要的概念（参见第 4 页）。**善于倾听的人既不会轻视他人，也不会卑躬屈膝。他们能够和周围人保持平等的关系，并在倾听时用鼓励回应对方。**

人们很少去指责鼓励自己的人。这就是鼓励别人的人也会得到他人支持的原因。

让对方侃侃而谈的 8 个倾听技巧

一个善于倾听的人能够让对方侃侃而谈。关于这一点，我们将在第三章详细解释，在此之前，我们先来介绍如下 8 个技巧。

1 姿势

姿势要比对方更谦逊有礼。

2 态度

沟通中的态度主要是通过言语措辞体现的。可以尝试着比对方多使用一些礼貌用语。

3 距离

根据与对方关系的亲密程度保持适当的距离。除家人、恋人之外，与他人最好保持 1.2 米左右的距离。

4 表情

根据对方所说的内容，以适当的表情进行回应。

5　视线

听别人说话的时候看着对方嘴到喉咙附近的位置。（直视对方眼睛会让人感觉到受威胁）

6　随声附和

在听别人说话的时候需要不时地给予回应和附和，但这个附和不要让人反感。“原来如此”“这样啊”“然后呢”，给予这样的回应会让对方有节奏地说下去。

7　提问

顺着对方想要谈论的话题提问，不要跑题，例如“那是什么时候的事情？”“当时你最难忘的是什么？”

8　确认（重述、澄清）

倾听者把自己听到的内容总结出来向说话者确认，从而修正沟通过程中可能有的误解。

重述　只是简单地把对方所说的话重复一遍。

例　对方：“那项业务什么时候截止？”

你：“你是问那项业务的截止日期是吗？”

澄清　推测对方言语背后想要传递的信息和感受，并向对方确认。

例　对方：“那项业务什么时候截止？”

你：“是遇到了什么问题需要商量吗？”

如果你能够掌握上述 8 个技巧，你就可以做到用共情的态度去倾听他人，而不会让说话的人感到不适。

专栏

没法见面的时候就打个电话吧

我们在上一章中告诉大家“与其发条微信，不如见面聊吧”。但如果我们实在没办法见面，那该怎么办呢？我的推荐是，那就打个电话吧。

打电话的时候虽然不像面对面交谈时那样可以看到对方的表情或是肢体动作，但至少能够听到对方的语调和措辞，能够在你一句我一句的对话中不断修正对对方想要表达的意思的理解。而且，打电话的时候我们能够找到此时此刻与对方在感受或是想法上的共同点，这会让我们有一种彼此联系在一起的感觉。有的时候我们甚至感觉打电话聊天比见面聊更为轻松和愉悦。最重要的是，比起发邮件和聊微信，打电话时交流和互动的感觉更强。

特别是在双方意见产生分歧、对方遇到了紧急事件，或是有些细微的意图难以通过电子邮件传达的情况下，我们最好通过电话来交流。

第三章

这个一定得掌握！倾听方法的基础

也许你不善言谈，抑或是羞于见人，但如果你能够掌握基本的倾听能力，你仍然可以成为别人眼中值得信赖的人。在本章中，我们将对“倾听”时必须掌握的要点进行阐述。

如果你想要愉快地交谈，那就先好好地倾听吧

只是一方在表达，称不上沟通

所谓沟通，意味着当事人有两个，“发言者”和“倾听者”。

英语当中沟通一词为“communication”，本意是“将彼此相互连接在一起”。换句话讲，所谓沟通，就是信息发出的一方（发信者）和信息接收的一方（收信者）通过某些符号（语言、表情、肢体动作等）形成联结。联结中传递的内容包括信息、情感、意志等。

需要强调的是，**如果只是沟通双方中的一方在表达，那就称不上是“沟通”。**举例来讲，在棒球比赛中，如果没有接球手，投球手扔得再努力，最终的结果也毫无疑问是个坏球。正是因为有认真接收信息的人存在，发出的信息才有意义。

善于倾听的人，会让对方先说话

另一点需要注意的是，**一般情况下比起听别人说话，人们更喜欢先当那个发言者。**比如，10 年不见的老友再次重逢的时候，一般会迫不及待地想要先讲讲自己这 10 年来的见闻和经历，讲完之后才会问：“话说，你这 10 年过得咋样啊？”

如果你想要有一个愉快的交谈的话，那就尝试先让对方来讲，然后在对方准备好倾听你的时候再去表达你想说的内容。

总而言之，在“说话”之前，先去努力“倾听”吧。

做好 3 个心理准备，帮你成为更好的倾听者

想要变得善于倾听，心态比技巧更为重要。因此，在学习具体的技巧之前，需要先掌握如下 3 个最基本的心态。

1 控制住自己想要讲话的冲动

当双方都有话想说的时候，很难分清谁是发言者，谁是倾听者。在这个时候最好克制住自己打断别人说话的冲动，先好好听别人说。

2　停下手上的工作，面向对方，目光注视对方

当别人和我们说话的时候，不管你是在打字还是在看报，请停下手上的工作，面向对方，目光注视对方。

3　仔细观察

在你准备开口说话之前，除了要倾听对方说的每一句话，还要仔细观察对方的表情、肢体动作和姿势等。

1 光“听”还不够

与人交谈时，我们需要注意一点，光“听”是不够的。

“倾听”一词的英文单词是“listen”，而在英语中使用这个单词的时候一般后面会加上介词“to”。比如“listen to the music”，会有一种“侧耳倾听”“仔细品味”的意味。

然后，我们再来看看“听”字的结构。“听”的繁体字是“聽”，右边中间有个像“四”字的部分。字典中记载，这个部分原本是“目”字。**即“聽”字的本意是，我们不仅要用耳朵去听，还要用眼睛去看，去观察和接收对方表达的信息、情感、意图等。**“聽”的时候，需要“五官总动员”。

另外需要提醒大家的一点是，日语中“提问”一词“訊く”的读音与倾听“聴く”相同，但是我们要少问多听，千万不要因为自己的好奇心去“打破砂锅问到底”。

听 ＞ 闻 ＞ 讯

倾听的过程中需要注意的 3 个要点

1　搞清楚需要听的内容

2　要有意识地、积极地、主动地听

3　听的同时要注意观察

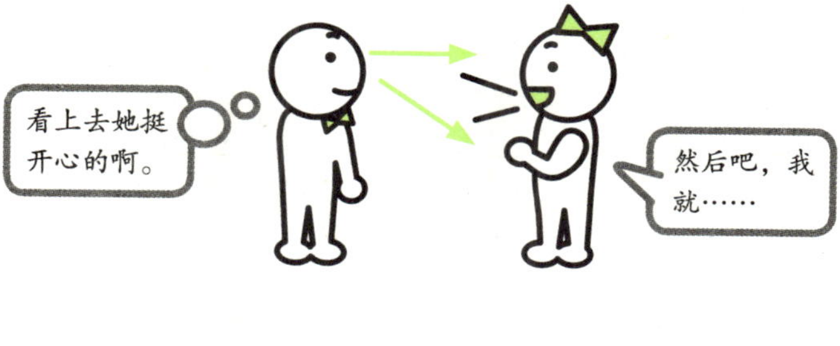

2 倾听的时候，对对方说的话和对方的性格抱有兴趣

我们之前讲过，如果我们可以以共情的姿态去倾听别人的话，那么话题将得到延伸，我们能够更深入地了解彼此，并建立亲密的关系。

那么，在交谈时，我们需要对哪些内容进行共情呢？

答案是“对方所说的内容”和“对方的性格”。在饶有兴趣地倾听他人的故事时，你与对方慢慢开始有了心灵上的碰撞，并从对方的话语中感受到对方性格中有魅力的部分。

比如，你和某人初次见面，交换了名片并相互寒暄。你们偶然谈到了有关某个城市的话题，进而发现你们居然是同乡，或是偶然发现彼此喜欢同一项体育运动。这时你们之间便会亲近感倍增。

英语中有个单词叫“rapport”，意思是能够在彼此的心与心之间架起沟通的桥梁，构建彼此信赖的关系。如果我们拥有“rapport”的态度，即便和对方是由于工作关系第一次见面，也可以很快变得像相识已久的朋友一样亲近。总之，抱着对对方感兴趣的态度与人交流吧！

构建信赖关系（rapport）的方法

对对方所说的内容抱有兴趣

对方：瞬间掌握客户的动向真是太难了，和钓鱼的时候捕捉鱼漂下沉的瞬间一样难……

你：没错啊。好不容易才来的商机可不能轻易错过呢。

你：话说，佐藤部长很喜欢钓鱼吗？

对对方这个人本身抱有兴趣

对方：我每个月至少钓一次鱼。

你：是吗？我也特别喜欢钓鱼。在大海上的感觉真好！

对方：啊，是吗？那下次我出海带上你一块儿！

3 切忌带着主观臆断去倾听

“就是 ××”“一定是 ××”，很多人说话的时候喜欢用这样确定性的话语。但如果我们主观地认为一个事情、一个人就是什么样的话，那么这件事、这个人的其他侧面和可能性就会被我们忽略掉。

例如，一个同事很喜欢迟到，你认为他是一个“没有规矩的人”。但实际上，他在维护客户关系方面做得很好。如果你仅仅关注他爱迟到的一面，那么你就会觉得他不是一名好员工，而看不到他善于获得客户信赖的一面。

在倾听别人说话的时候同样必须牢记这一点。我们在听别人说话时，也许会有很多的推测，“他可能是 ××”。这种推测是无伤大雅的，**但千万不要把我们的推测当成定论，觉得对方一定是这个样子的，否则我们将忽视他身上的其他可能性。**

总而言之，无论是在工作中还是在生活中，倾听时请不要带有自己的主观臆断！

不带主观臆断地倾听的 3 个方法

1　不仅要倾听对方所说的话，还要观察那些非语言信息，例如面部表情、肢体语言和手势等。

2　在倾听别人时，先想象一下如果是你所信赖的、擅长倾听的人遇到这样的情况会怎么做，再做出适当的反应。

3　向第三者确认自己的推测是否妥当

4 通过“附和”和“点头”让对方成为谈话的主角

所谓“附和”是指用“哦”“原来如此”“然后呢”这样的语言来回应说话者，以此来表现出我们对他所说内容的认同。而与此对应的，“点头”则是用肢体语言或表情来回应说话者。**善于倾听的人，会经常使用“附和”和“点头”的方式来让说话者成为谈话的主角。**

如果我们在倾听时没有给予对方“附和”和“点头”等回应，除非对方是非常健谈的人，否则我们的谈话可能没办法进行下去。说话者可能会觉得“他是不是讨厌我啊”“他是不是对我讲的内容，或对我这个人没啥兴趣啊”。

除此之外，在沟通中善于给予回应的人还会熟练地运用下述3种倾听方法：①理解与认同；②赞叹与感动；③追问与延续话题。

总之，“附和”和“点头”是变成倾听高手的基础能力。

“附和”一词日语是“あいづち”，写成汉字是“相槌”，《广辞苑》中对该词的解释为：“师傅与弟子相向而立，一同锤炼一把刀。”

3 种有效的附和技巧

1　理解与认同　“原来如此啊。”“是这样啊。”“我同意你的看法。”

2　赞叹与感动　“哇！”“真的吗？”“这么厉害啊！”

3　追问与延续话题　“然后呢？”“怎么说呢？”“能给我具体讲讲吗？”

5 听别人说话的时候看着对方嘴附近的位置

你是否经常对这样一个问题感到困惑：听别人说话的时候眼睛要看哪里？

几乎 100% 的西方书籍对这个问题的答案都是“看着对方的眼睛”。然而在日本，盯着对方的眼睛看可能会令人生畏。为了不让对方感到有威胁和压迫感，很多人会选择看着对方的胸口或是领结的位置。

实际上最自然的做法是看着对方嘴附近的位置。

这种状态被称为“拍照视线”，即拍照时角度最适当的视线。拍照的时候，如果视线与镜头处在同一水平线，拍出来的目光会比较凌厉。**最好让视线落在水平线下方 5 度的位置，这样拍出来的目光会比较温柔。**

在倾听他人说话的时候，如果你有意识地保持这个视线，就会给对方留下一个温柔的形象哦。

一个人的外表会给别人留下极为深刻的印象，因此温柔的目光是增加别人对你的好感度的一个好方法哦。

听别人说话时把视线放在对方嘴附近的好处

1　能够让对方感受到你温柔的目光。

2　不会给对方留下一个你在回避他的目光的感觉。

3　嘴附近有很多表达情绪的肌肉，因此你可以观察到对方细微的表情变化。

6 让你说话的语调抑扬顿挫起来

你可以尝试一下用高亢的声音跟别人说一句：“你辛苦啦！”设想一下，如果是我们自己听到别人用这样的方式和我们说话，你会不会觉得对方有点浮夸和做作呢？而与此相反，假如对方用特别低沉的声音说这句话，会不会有一种被对方威胁恐吓的感觉？

说话时的语调给倾听者带来的影响是非常巨大的。

一对新婚夫妇，妻子在丈夫下班回家时出门迎接，用明亮轻快的语气说：“呀！你回来啦♡”丈夫会感到心情愉悦：“下了班我就赶紧回来啦！”

与此形成强烈对比的是，结婚 15 年后，妻子在丈夫回家时，用阴沉暗淡的语气说：“唉，回来这么早。”丈夫此时心里会想：“怎么着，早回来不行啊……”

同样一句话，语调不同，表达出来的意思也天差地别。

语调会随着情绪的不同而改变

新婚夫妇

结婚 15 年后

7 用对方容易理解的方式表达

在人际交往领域有一个专业术语“tuning”，意思是同频交流。这是一种沟通技巧，指的是你可以在谈话过程中以和对方相同的语速说话，重复关键词或是摆出和对方类似的姿态。

即便是一句话，如果表达得不易理解或是吞吞吐吐，也可能会让对方感到不舒服，甚至让人无法理解，会觉得“这个人没事吧……”

因此，为了避免让对方感到不舒服，尽量用他人容易理解的方式去交流吧。

容易让你失去别人的信任的说话方式

年轻人的说话方式

会让年长的人感觉不舒服

喜欢总结对方所说的话

“所以”
“总而言之”
“简单说”

会让对方感觉和你有距离

经常使用语气词

“那个”
“唉”
“这个”

会让对方感到心烦意乱

言语措辞能够获得对方信任的3个关键点

1. 每一句话尽量简短。
2. 句与句之间有一些停顿。
3. 如果无法停顿，也可以使用一些连接词，比如“就是说”“所以”。

8 顺着对方想要说的内容去提问

人们向他人提出问题，往往是因为在听对方讲述的过程中，脑海里会接二连三地冒出一个又一个自己想要了解的东西，于是就刨根问底，有时候甚至会打断别人说话。而实际上我们需要做的应该是好好倾听对方想要谈论的内容，然后顺着那个内容去提问，引导对方更加详细地表达。接下来我们举个例子来说明这一点。

只顾自己的倾听方式

A:“我前些天去了尼亚加拉大瀑布!”

B:“啊，我也去过。我还去过伊瓜苏瀑布，那规模可是日本的瀑布没法比的啊。”

要点

- 这会让发言者 A 感觉到自己说话的主动权被剥夺了。
- A 想谈的关于尼亚加拉大瀑布的话题没法继续聊了。
- B 的回应忽略了对方想要谈论的话题，把谈话引导到了自己感兴趣的话题上。

贴近说话者的倾听方式

A:“我前些天去了尼亚加拉大瀑布！”

B:“是吗？我也去过唉！你是啥时候去的？”

A:“我 10 月末去的呀。”

B:“啊！那正是看瀑布的好时候啊！我在 10 月的时候去过伊瓜苏瀑布，但是没见过 10 月的尼亚加拉大瀑布。你感觉怎么样呢？”

要点

- 顺着说话者想要谈论的话题去提问。
- 满足了 A 想要表达的需要。

如果谈话能够按照如下的方式展开，两个人可能会越聊越热络。

1. 在尼亚加拉大瀑布这个话题上聊得起劲的同时，可以很自然地聊到自己在当地的见闻。
2. 交流过程中也可以不时插入伊瓜苏瀑布的话题。
3. 可以彼此交流一下外国瀑布和日本瀑布的区别。

因此，我们在倾听的时候要牢记，顺着对方想要说的内容去提问，这正是共情的表现哟。

9 善用开放式提问和封闭式提问

倾听能力中包含了至关重要的一点，就是提问的能力。那么提问分为哪几种呢？接下来我们一起来探讨一下。

提问可以分为开放式提问和封闭式提问。

所谓开放式提问，指的是被提问者不能够简单地用“是”或“否”来回答的问题。举例来说，“5W1H”中的When（何时）和How（如何）都属于开放式提问。

与此对应的，封闭式提问就是可以用“是”或“否”来回答的问题，比如“你看那部电影了吗？”

开放式提问

不能简单地用“是”或“否”回答的提问

封闭式提问

可以用“是”或“否”回答的提问

10 使用封闭式提问开启话题与确认信息

封闭式提问经常在人们想要开启一个新的话题时使用。

当你问别人："暑假出去玩了吗？"如果对方回答"是啊。"这时你可以继续问："去哪玩了？""去轻井泽了。"然后，你可以用开放式提问继续拓展这个话题。如果有人对你说："夏日祭可真热闹啊！"这时你可以用封闭式提问确认对方说的话，"嗯？你说的是夏日祭吗？"那么这个话题就可以进一步深入下去。

需要注意的是，如果你连续使用封闭式提问，就会产生下面这样的如审讯一般的对话。

上司："那个工作做完了没？"

下属："啊，还没做完。"

上司："你是不是没什么干劲啊？"

下属："有的，有干劲的。"

上司："你是不是没把这个工作当回事啊？"

在这 3 个场景中，封闭式提问能够充分发挥作用

1　用于开启新的话题

2　用于确认信息

3　要避免连续使用封闭式提问，否则会让人感觉像是一场“审讯”

11 不要问“为什么”

在沟通中需要特别注意的一点是，当我们使用“为什么”（Why）这个词的时候，如果方法不当，可能会给别人造成伤害。特别是针对对方的失败或是性格使用带有否定意味的“为什么”时，可能会对对方的情感造成伤害。

虽说如此，但也不能把“为什么”全盘否定，它也有积极的一面。

比如，我们可以通过对某种现象或是事件提出“为什么”的问题来探索它的原因，如：“为什么××产品的销量下降了？”

另外，我们还可以通过对成功人士的成就和他积极的方面问“为什么”来获得有价值的信息。我习惯把这种使用“为什么”的方法称为“用于询问的‘为什么’”。

我们应尽量只用上述这类用于询问的“为什么”，即只针对积极的方面进行提问。如果你的问题不得不触及消极的方面，就用“How”（怎么做）来代替“Why”。

这样便能将焦点转向如何解决问题，从而避免给人带来被攻击的感觉。

不要使用带有主观臆断的“为什么”

用“怎么做”代替带有主观臆断的“为什么”

用于询问的“为什么”

12 对对方的消极话语给予积极回应（minus to plus）

“句尾重述”是心理咨询中常用的一种回应方式。

比如，来访者说：“……这些事情真是太让我痛苦了。”咨询师可能会回应道：“是啊，很痛苦吧。”

又比如，“这个事情回忆起来简直太让人愉快了！”咨询师回复道：“是啊，一定是个愉快的回忆吧。”

重述对方表达的情绪，会让他有一种“我的感受被理解和接纳了”的感觉。

但需要注意的是，**如果把说话者表达的消极情绪原原本本地重述给他，可能会让他更加沮丧。**

因此在回应他人的消极情绪时，推荐大家使用下述方法——在他身上看到积极的一面并用积极的话语予以回应（minus to plus）。

用积极的话语予以回应

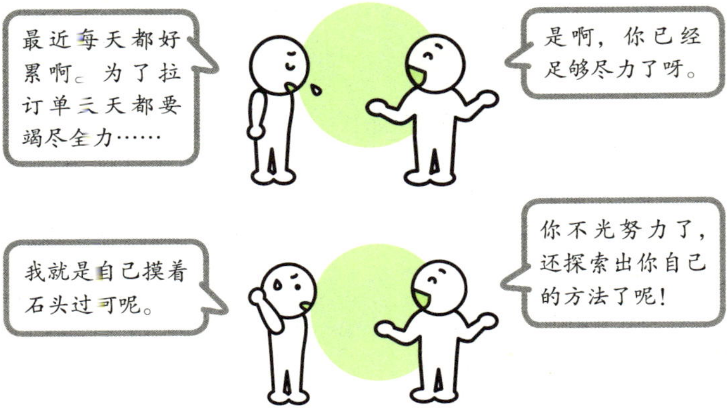

△ “当时的失败真的是刻骨铭心啊！”

- 这种说法只回应了对方的消极情绪。
- 向对方传达出自己共情到了对方的感受。
- 但给人的感觉是只注意到了情绪中消极的部分。

△ “虽然现在已是柳暗花明，但当时的失败的确是让你刻骨铭心啊。”

- 这句话最后的部分是与消极情绪有关的。
- 虽然前半句话触及了一些积极情绪，但句子的结构会让对方感觉到你在强调后面有关“刻骨铭心的失败”的消极内容。

○ “当时的失败的确是让你刻骨铭心，但如今已经峰回路转了。”

- 这句话最后的部分是与积极情绪有关的。
- 虽然有过消极的经历，但现在已经采取了积极的行动克服了困难，这会赋予对方积极向上的动力。

接下来，我们列举一些例子来介绍一下如何将消极表达转变为积极表达。

消极表达	可替换为
自大	有独立精神
爱哭鬼	感受丰富
粗鲁	强硬
莽撞的	行动派
沉默寡言	善于倾听
情绪起伏不定	感性的
吵闹的	性格开朗、活泼、元气满满
优哉游哉的	自由自在的
易怒的	富有激情的
多嘴多舌	乐于与人交往
死气沉沉的	稳重的
老实巴交	温和敦厚
无趣	认真
嘴上不留情	有一说一
大嘴巴	擅于表达自己的情绪
不善言谈	说话谨慎
性格阴郁	关注自己的内心世界
在意周围的目光	细心
输不起	有上进心

积极表达方式替换表

消极表达	可替换为
嬉皮笑脸	给周围带来欢乐
自尊心强	自信
做事马虎	不拘小节
说不出意见	协调性强
爱摆架子	有自信
八面玲珑	擅长人际交往
反叛的	独立
呆呆的	不拘小节
容易得意忘形	会来事儿
吊儿郎当	不拘小节
任性	有主见
死板	一丝不苟
容易发怒	感受丰富、充满热情
善变	有个性
顽固	自我意识强
思考不周	行动派、感性的
容易被骗	单纯、坦诚
邋遢	不拘小节
急性子	感受丰富、充满热情

消极表达	可替换为
左右逢源	善于社交
冷漠	冷静客观
不善交际	有自己的内心世界
急躁	反应迅速
没责任感	天真无邪、自由
厚脸皮	有行动力
蛮干	有领导大家的能力
不懂得拒绝	待人和善

消极表达	可替换为
多嘴多舌	热心肠
爱撒娇	惹人怜爱
三分钟热度	好奇心旺盛
死心眼	意志坚决
冒失鬼	行动力强
闹腾	性格开朗、活泼、元气满满
个性强	对任何事都积极应对
胆小软弱	相比自己，更在乎周围人的感受
脾气暴躁	感受丰富、充满热情
严厉的	是非分明的
严肃的	追求目标决不妥协
优柔寡断	深思熟虑
喜欢命令别人	有领导力
不显眼	与他人和谐相处
惹人注目、嘚瑟	有自我表现欲、活跃的
纠缠不休	顽强
自大	有自我主张
土（衣着等）	朴素的、传统的
消极	在乎周围人的感受

听懂对方话语背后的含义

一位职场上的朋友告诉我："我想辞职了。"在很长一段时间里，我能够从他的只言片语中隐约感觉到他因为和工作中的一位前辈关系不佳而烦恼。遇到这种情况，你应该说些什么呢？

✕ "那你辞职之后到底想干啥啊？"
"那你去和人事部门聊一聊吧。"

如果你这样回答，可能会让对方觉得"我不是来和你聊这个的……""这话你不说我也知道啊"。

○ "还是因为之前你跟我说过的那个让人糟心的前辈的事情吗？"

- 抓住了对方话语背后想表达的真实想法。
- 让对方感觉到你是可以理解他的感受的。
- "是啊，我就是想和你聊这个事来着。"然后，话题便会顺着这个方向展开。

话语的背后往往隐藏着某种情绪或意图。

“想辞职”的背后，可能潜藏着人际关系带来的压力和痛苦。

当对方跟我们说“我想辞职”时，我们可以尝试用如下的方式问问对方内心的真实想法。

倾听对方内心的声音

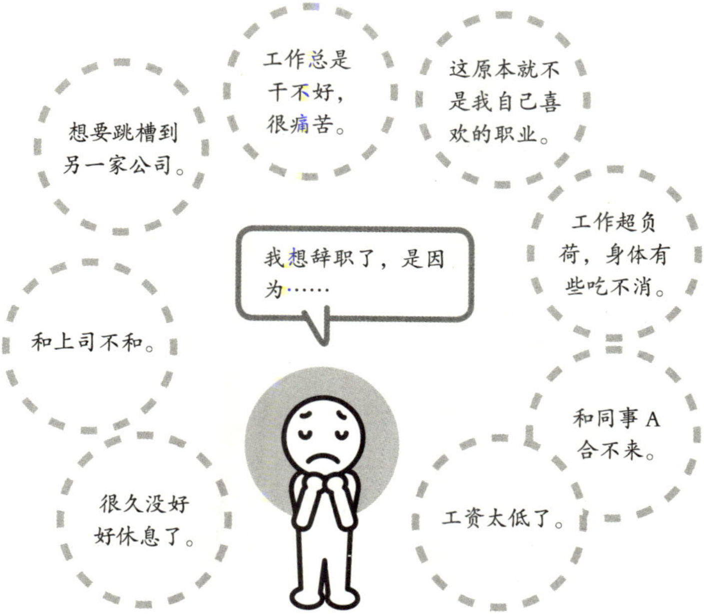

不要过度共情

善于倾听的人往往擅长共情到对方的感受，使他更愿意敞开心扉（自我坦露）。不过，共情和自我坦露之间应保持平衡。如果平衡被打破，双方的关系也会随之发生变化。

1 共情 > 自我坦露

倾听者能够强烈地共情到对方的感受，但说话者自我坦露较少的状态。

- 说话者可能会有被追问的感觉。
- 对于对方暂时不太想说的话题，尽量不要去过度地共情。

2 共情 < 自我坦露

说话者的自我坦露较多，但倾听者未能完全共情。

- 遇到这种情况，需要在适当的时候改变话题，或通过总结对方所说的话等方法让说话者适当控制自己的倾诉欲望。

3　共情 = 自我坦露

倾听者的共情水平和说话者的自我坦露水平差不多的状态。

- 在这种状态下，说话者能够愉快地进行自我坦露，倾听者也能与对方积极地共情。
- 这种状态表明“信赖关系”已经开始建立。

共情和自我坦露之间保持平衡非常重要

共情 > 自我坦露

明明对方不想要坦露太多自己的事情，倾听者却在不断地追问。

共情 = 自我坦露

3 个方法，帮你沉着应对尴尬的沉默

在交谈中，人们有时会突然陷入沉默，这在心理咨询中尤为常见。在此，向你推荐如下 3 个可以化解尴尬的方法。

陷入沉默时的 3 种倾听方法

1　静静地等待

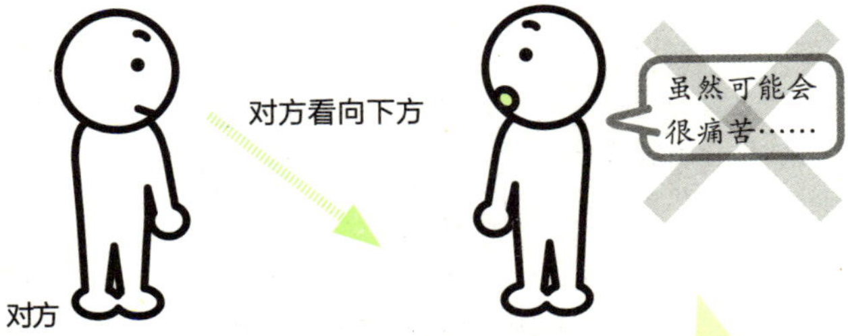

- 对方视线向下、注视着某处时，往往代表着他可能正在思考些什么。
- 这个时候比起贸然插话，更好的做法是保持沉默。

2　重述之前的话

- 倾听者重述对方说的话，可以帮助说话者整理自己所说的内容。
- 这也可能成为对话继续深入的契机。

3　让对方给我们讲讲他最在意的事

- 比起听到的话，人们往往更容易记住自己说的话，因此以对方“很在意”的事为出发点更容易展开接下来的对话。
- 在需要寻找话题或避免冷场时，这一招格外有效。

我们在沟通中没必要担心对方陷入沉默。只要我们能够有意识地运用上述 3 种应对方法，聊天将变得很顺畅，并可能延伸出一些新的话题。

专栏

比起记忆，记录更靠谱

有一个非常著名的记忆理论，叫作“艾宾浩斯遗忘曲线”。它指出，**人记住的内容在20分钟之后会遗忘42%，两天之后会遗忘66%，到第六天结束时已经遗忘75%了。**

举个例子，你接到上司的指示之后，努力地想把所有内容都记在脑子里，但20分钟之后你基本忘掉了一半。下达指示的上司其实也面临同样的状况。明白这个道理之后，我们会觉得记忆这东西实在不是那么靠谱，而相比之下，把内容及时记录下来就靠谱多了。

想要真正做到善于倾听，就一定要养成做记录的习惯。

比起“应该是这样的”这种模模糊糊的表达，还是看着记录说“就是这样的”显得更有说服力。

第四章

让人觉得“非你不可！”的倾听方法的应用

指导下属、企业管理、商业谈判、心理咨询时，如果我们能够积极地倾听他人，会让人对你产生“非你不可！”般的信任感。在本章当中，我们将对能够增加周围人对你的信任感的倾听方法进行介绍。

善于倾听的人能够更多地看到他人身上的优点

● 否定的评价会让对方的勇气受挫。

你有被别人这样对待的经历吗？

- ☑ 曾经的失败总是被别人拿出来当笑话讲。
- ☑ 私下说的话被别人公开。
- ☑ 准备挑战的事情被别人断言“不可能做到”。

如果有如上这样的经历，相信大部分人都会因勇气受挫而感到不快。严重的时候我们甚至会觉得对方否定的不仅仅是事情本身，还有我们整个人。说起来似乎每个人都懂这个道理，但是回想起来，也许大部分人都有过用这样的方式伤害别人的经历。

如果让大家来评价一个人的优点和缺点，可能 10 个人中有 9 个人，列举出来的缺点数量会多于优点。由于小时候批改作业都是看错了多少道题、扣掉多少分，给别人挑错的习惯我们从小就养成了。

“这个不行！”“以后不能这样了！”在父母和老师的批评教育下成长起来的我们，在与人交往时也倾向于关注对方的缺点。

阿德勒心理学反对批评教育，提倡积极取向，主张人要懂得为他人赋予勇气。如果我们能始终如一地实践积极取向，将会产生如下 3 个结果。

1. 和他人形成良好的人际关系。

2. 赋予他人克服困难的活力。

3. 赋予别人勇气的同时，自己也会变得元气满满。

善于倾听而深受他人信赖的人，会很自然地表现出积极取向。

积极取向表现在我们倾听时的态度、措辞的选择、交谈方式等各个方面，接下来我们将通过一些案例来详细解说这部分内容。

1 理解对方的“关注点”

假设你的两个朋友A和B吵了起来。你分别去找他们俩聊了一下，发现两个人都认为自己是正确的，对方是错误的，分歧很大。**人的确是这样一种自说自话的生物，对事物的判断往往是从自己主观的角度出发的。**

再举个例子，让一对夫妇谈谈对当年新婚旅行的回忆，丈夫可能谈到当时吃了什么、坐了什么样的交通工具，而妻子回忆的都是各色风景和建筑。人们都会有一种倾向，就是看自己想看的，记住自己想记住的东西。

当我们倾听他人的时候，我们需要了解对方关注的事情是什么，是用什么样的方式描述自己的经历的。如此一来，你就能理解对方，并以一个包容的姿态接纳对方。

特别是在和他人发生意见分歧，甚至快要吵起来的时候，去了解“对方关注的事情”和“对方描述经历的方式”，会帮助你解决当前的困境哦。

注意观察对方的关注点是什么

重视实际效果，
善于变通的人

重视规则的人

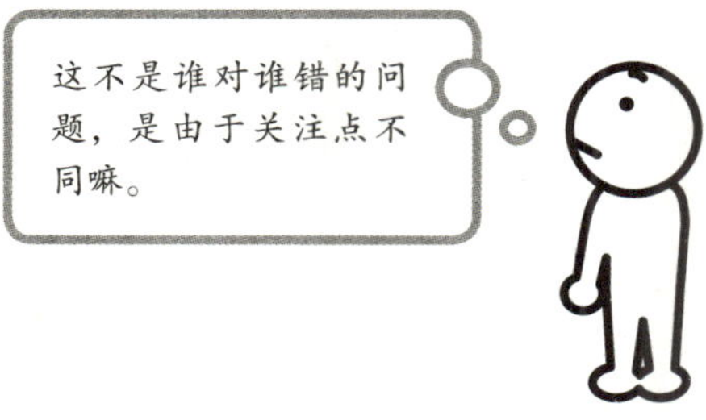

如果从第三者的立场来看，就能够理解了

2 不用“糖果和鞭子”的方法来处理问题

在管理下属或带领团队时，如果你习惯于使用“糖果和鞭子”的方法来处理问题，你的团队可能会逐渐分崩离析。

我们从小在家里和学校接受“糖果和鞭子”的教育，于是不知不觉间自己也学会了用这样的方式对待周围的人。结果，经常被如此对待的人，可能会变得很善于看别人的脸色行事，或是喜欢讨人欢心。

实际上，通过这样的方法是无论如何都不可能与他人建立富有信任感的人际关系的。因此在倾听他人时要注意，不要用“糖果和鞭子”的方法来回应对方。

“糖果”的方法

- 只根据结果评价他人。
- 经常对别人说“真了不起！”“真厉害！”“你真行！”这样的话。
- 时常给别人戴高帽。
- 给别人奖励，比如请客吃饭。

“鞭子”的方法

- 当结果不好时，态度马上 180 度大转弯。
- 严厉斥责他人。
- 给予他人惩罚。

一开始你给对方“糖果”时，对方可能会很高兴，觉得以后也要继续努力。但如果有一天他发现了你“鞭子”的一面，就会逐渐失去对你的信任。

如果你总是用“糖果和鞭子”的方法对待他人的话……

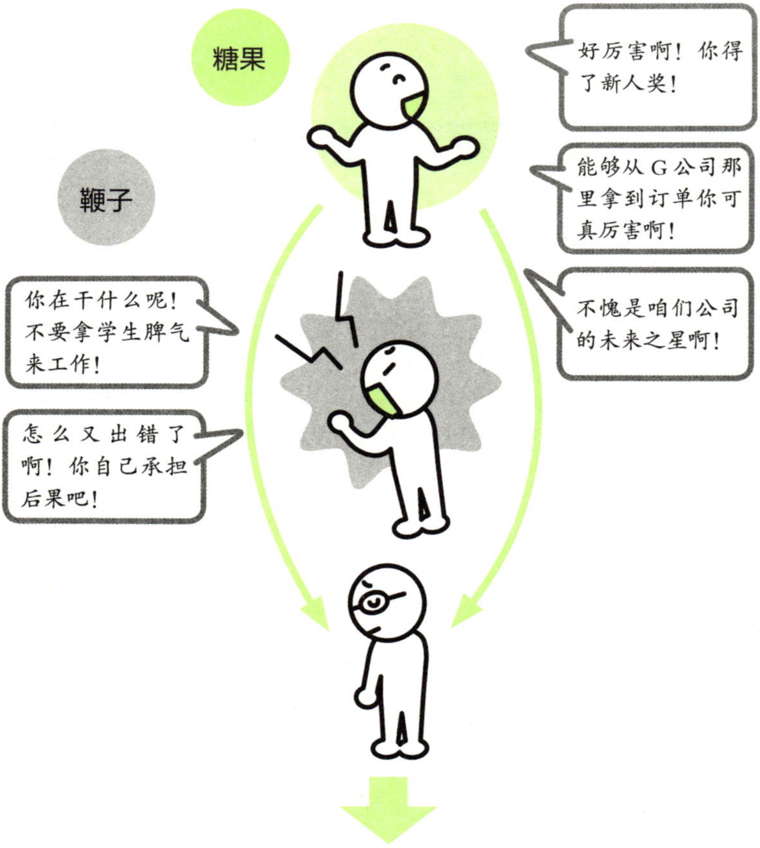

无法建立相互信任的人际关系。

收到坏消息时

不加隐瞒地传递坏消息就是有勇气的表现

由于隐瞒了坏消息而酿成大错的事件屡见不鲜。日本第一任内阁安全保障室长佐佐淳行在《危机管理最前线》一书中提出，越是坏信息就越应该第一时间准确报告。书中引用了如下3句名言。

1. “表彰报告了坏消息的下属，惩罚隐瞒了坏消息的下属。”(《匈奴王阿提拉汗的领导力秘诀》，韦斯·罗伯茨著）

2. “好消息明早告诉我就可以了，但如果有坏消息必须马上叫醒我。”——拿破仑（《圣赫勒拿岛回忆录》，拉斯卡斯伯爵著）

3. “把所有我不想听的、让人讨厌的真话都汇报给我！”——后藤田正晴（《我的上司后藤田正晴》，佐佐淳行著）

人们之所以想要隐瞒坏消息，主要是出于保护自己的心理，即所谓的明哲保身。

“如果说了，我会不会被领导骂啊？”

“我会不会被处分啊？”

“我这么说会不会被人讨厌啊？”

人们正是出于这样的想法而不愿意报告坏消息，就算报告了也会隐瞒重要的部分。

但是，正因为是坏消息才更应该尽早汇报，不找任何借口，因为这关乎着你和他人之间能否建立长期信任的关系。

所以当别人向你报告坏消息时，不要去责备或是斥责对方，而是应该对他能够坦率地把实际情况告诉你的行为予以肯定，并冷静地进行应对。

3 与人交往时保持鼓励的态度

正如我们在序章中提到的，阿德勒心理学认为鼓励比表扬更重要。这一主张也适用于倾听者与对方处于对峙关系的情况。无论是从事经常与别人交流的工作，还是面对家人和其他重要他人，想要成为一个好的倾听者请务必保持鼓励的态度。

如果要把表扬和鼓励做一个对比的话，主要可以概括为如下几点区别。两者最大的不同是，表扬时是其中一方居高临下的纵向关系，而鼓励时双方是相互平等的横向关系。

当你被表扬时

1 无论做任何事情都期待着会被表扬。

2 没有被表扬，就不会付诸努力。

3 习惯了被表扬的人，会把别人的赞赏和关注作为自己前进的动力。

当你被鼓励时

1 能够自己给自己赋予勇气。

2 不管有没有来自他人的称赞，都会自发地继续做自己的事情。

3 在鼓励中成长起来的人，会以自己做出的贡献作为前进的动力。

表扬的表达方式与鼓励的表达方式

表扬的表达方式

鼓励的表达方式

赋予他人勇气时要针对其具体的行为

在上一页，我们为大家介绍了表扬与鼓励之间的区别。其实，两者之间还有一处区别。表扬往往评价的是对方的人格，而鼓励则是认可对方的某个具体行为。下面举几个例子来说明。

○ “感谢你定好了联谊会的场地，还做好了引导工作。根据你附上的地图，我一下就找到了。真是帮了大忙了呀！”

认可对方所做的贡献

○ “谢谢你特意为我准备了生日礼物。这是我度过的最棒的生日！”

向对方表达感谢

○ “听说你 TOEIC 考试考了 700 多分！真是努力得到了回报啊！”

认可对方的努力

要点

- 如果你对别人说“真厉害！”“了不起！”“不愧是大神！”这样的话，对方可能会觉得你在说反话嘲笑他。
- 如果想要赋予对方勇气，那么就应该具体地说出对方哪里做得好，这样对方也能坦率地接受。

鼓励他人的 3 个要点

表扬

1 评价对方这个人本身。

2 站在评判的立场看待对方。

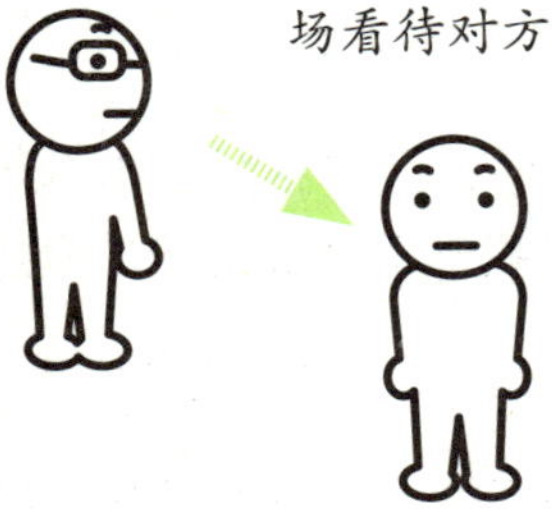

3 只注重结果。

鼓励

1 认可对方的具体行为。

2 站在共情的立场看待对方。

3 同时注重过程和结果。

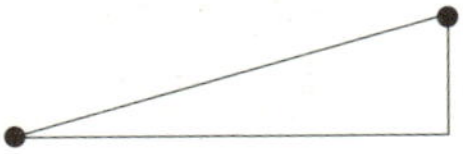

鼓励他人的同时，不要忘了自我鼓励

自我鼓励的 3 个要点

“勇气”是指“克服困难的活力”。我们之前探讨了如何鼓励他人、为他人赋予勇气，而在此之前我们必须先给自己加满油。毕竟如果你自己的内心“燃料”不足，是很难给周围人补充“燃料”的。

那么，应该如何自我鼓励呢？下面推荐 3 种方法。

1. 给自己每天的生活都涂上积极向上的色彩。

2. 多与能赋予他人勇气的人交往。

3. 让自己的语言、想象和行为都有积极的情绪萦绕。

“给自己每天的生活都涂上积极向上的色彩”是指以积极的心态来面对每天的开始和结束。

“多与能赋予他人勇气的人交往”是指经常和那些能够让你拥有源源不断的活力的人交往。而与之相对的，那些总是让你的勇气受挫的人，在和他们交往时要保持适当的心理距离，不要过深地卷入到你们的关系当中。

“让自己的语言、想象和行为都有积极的情绪萦绕”是指我们尽量不让负面因素影响我们的生活，努力地使用积极的语言、想象积极的结果、实践积极的行动。

一定要按上述方法切实做到哦，然后你会发现生活每天都在朝着积极的方向一步步迈进。

4 在提建议时，用“三明治法”替代“Yes，but”

假如在工作中，一位下属或后辈刚刚完成了一份需要交给上司的策划书，他来向你寻求修改意见。看过之后你觉得写得还不错。这时候你会怎么回复他呢？下面我们来举两个例子，分别看看令人满意的和令人沮丧的回答各是什么样子的。

✕ “可圈可点，做得还不错哦。但是，依据的部分写得不太具有说服力。”

要点

- “可圈可点，做得还不错哦”这一部分的肯定作用，被“但是”之后“依据的部分写得不太具有说服力”这句话完全抹煞了。

○ “可圈可点，着眼点很不错哦。只是，3 条依据中的第 2 条给人感觉说服力不够。如果在这一点上有所加强的话，这会是一份非常好的策划书。我看到你这 3 个月里真的成长了很多，我对你充满期待哦。”

× 的例子中，先表达了对对方的肯定，随后再作出否定的评价。相比之下，○的例子中说法是“积极——消极——积极”，这样的表达方式被称为“三明治”法，我会更加推荐这种表达方法。

要点

- 具体指出需要改进的地方，即“第 2 条给人感觉说服力不够”，同时认可其策划书的着眼点和对方的成长，这样说会让对方更有干劲。

5 避免指示模糊不清，确认有无遗漏内容

“工作指示是一个原本就很模糊的东西。”有能力的商务人士都应该对这一点心里有数。

时常会出现这样的情况，上司给出模糊不清的指示，下属在执行的时候不自觉地加上了自己的理解，最后的结果和上司原本的意图大相径庭。

因此，对信息进行确认的重要性不言而喻。在你收到上司的指示，向他确认指示的内容时，或者你是上司，你的下属来向你确认时，请遵循下一页中所列的 3 个原则。

所谓的“5W1H”是指

What 是什么（内容）

When 什么时间、到什么时候为止（时间、截止日期）

Where 到哪去、在哪里（地点）

Who 是谁、给谁（人物）

Why 为什么（目的、原因）

How 如何、多少（方法、数量）

倾听指示时的 3 个原则

1 记笔记

2 牢记“5W1H”原则

What
When
Where
Who
Why
How

3 确认有无遗漏 /
有无不清楚之处 /
目的为何等

6 评论的时候要用“意见语言”

倾听后对对方进行评论时所采取的表达方式会影响对方的接受程度。把不是事实的事情说得跟事实一样的表达方式叫作“事实语言”，而提出意见（推测）的表达方式叫作“意见语言”。如果你想和对方建立相互信任的关系，一定要有意识地使用“意见语言”，这会让彼此更容易接受对方对事物的不同看法和思考方式。

●事实语言

1　斩钉截铁的事实语言

✕ “就是……”“肯定是……”“是……没跑了。”

会给人一种被强行断定了的感觉

2　语气平静的事实语言

✕ “是……吧。”“是这么一回事吧。”“我觉得是……吧。”

让人有一种你在居高临下的感觉

3 带有讽刺意味的事实语言

× "……这你都不知道吗？" "为什么不……呢？"

对方会感觉被质问、否定了

意见语言

1 前置型意见语言

○ "这只是我个人的想法哈……""我是这么考虑的……"

以"我"为主语，就不会给对方强加于人的感觉

2 后置型意见语言

○ "……我是这么想的。"
"……这是我的感觉。"
"……我希望你能这样做。"
"……如果这样的话我觉得就很好。"

把自己的想法温柔地传达给对方

7 对谈话内容做总结时，不要妄下结论

“总而言之就是……呗。”

“你不就是想说……吗？”

如果你这样总结对方刚刚说过的话，懦弱的人可能会附和着说：“对，是这么回事……”；而如果对方是个快言快语的人，可能会对你说：“才不是呢！你别自以为是地乱下结论。”

如果你想要真正理解对方的话，最好不要妄加总结。

在你需要总结对方的话时，请记住下一页所列的3个要点。特别是第3个要点，当你切实做到这一点时，对方不会有被盖棺定论的感觉，你们之间的谈话也会更加顺利地展开。

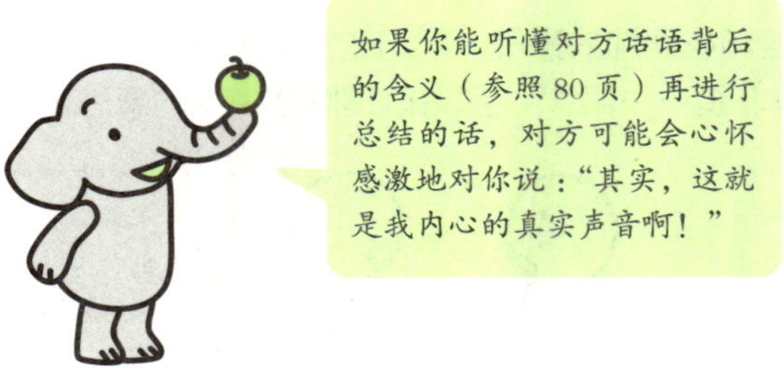

总结谈话时的3个要点

1 不要对方说什么都去总结，总结的对象应该是谈话中重要的内容。

2 总结的时候可以加上开场白“我怕我没理解到位，所以想确认一下……”

3 用推测或疑问的语气（封闭式提问）来进行确认。
“莫非是……吗？”“那可以理解成……的意思吗？”

把谈话内容总结成 3 个要点

总结成 3 个要点比较容易记忆

沟通高手擅长把谈话的内容总结成 3 个要点。无论是在你听别人说话的时候，还是在自己发言的时候，如果能够养成将内容总结成 3 个要点的习惯，你一定会给人留下深刻的印象。把谈话内容总结成 3 个要点，有以下 3 个好处。

1. 更容易掌握重点。

2. 有节奏感，随着递进让人感受到力量。

3. 对方容易记住。

下面我们来举个例子说明一下。

2001 年 5 月 27 日，时任日本首相小泉纯一郎出席了在两国国技馆举行的大相扑夏季比赛的表彰仪式，向身负重伤无法行走的获胜者贵乃花授予了内阁总理大臣杯。

小泉纯一郎宣读了奖状后，称赞贵乃花道：“能够忍受这样的疼痛，你真的很不容易。我很感动。恭喜你。”如果你认真地把这段话出声读几遍，你就能切身地体会到前述的 3 个好处中的第 1 点和第 3 点。

现在你可以把书放下，然后试一试。你可能会感受到，如果总结成 2 个要点的话会让人觉得话没说完，如果总结成 4 个要点的话又会让人觉得有点多，记不住。

因此，在总结谈话的时候，请有意识地提醒自己“3”这个数字，这样你就会逐渐习惯成自然，很容易就把谈话内容总结成 3 条了。

8 不要用“依赖、命令、检查”的语言和他人建立关系

在给别人提意见的时候，我们说的话大致可以分为两类，即“依赖、命令、检查”的语言和“非依赖、非命令、非检查”的语言。

在恋人、夫妻以及朋友关系中，如果过多使用“依赖、命令、检查”的语言，容易给对方一种被居高临下的感觉。与之相对的，**如果能经常使用“非依赖、非命令、非检查”的语言，你和对方就会有更多心灵上的交流，更容易建立起平等、友好的人际关系。**

经常使用“非依赖、非命令、非检查”的语言，你和他人之间会有更强的信任感，遇到紧急的情况也更容易得到对方的帮助。因此，“非依赖、非命令、非检查”的语言是人际关系的润滑剂。

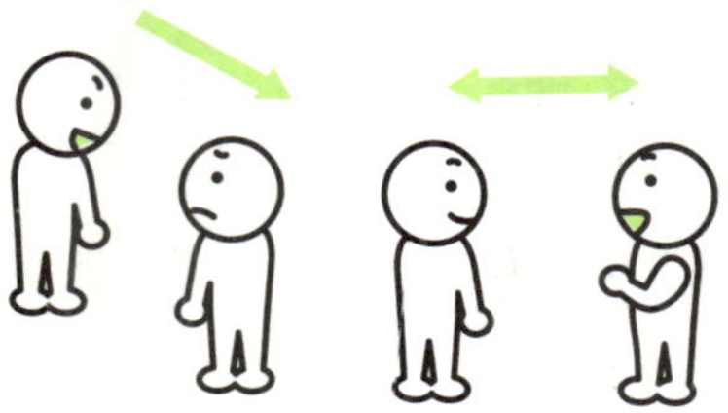

不会让人觉得居高临下的语言

“依赖、命令、检查”的语言

✕

- 你就不能等我先把这个弄完吗？
- 那条领带挺独特啊。
- 我很讨厌你抖腿！
- 今天不是你负责扔垃圾吗？
- 我着急，先让我复印！
- 这个订单是谁弄的啊？

“非依赖、非命令、非检查”的语言

○

- 我还需要点时间才能把这个工作完成，请等一下。
- 这条领带真的很适合你呢！
- 人一焦虑就会不自觉地抖腿呢。
- 每天轮到谁负责扔垃圾这事儿一不小心就容易忘了呢。
- 先帮我复印下这份资料吧，谢谢你！
- 处理订单辛苦啦！

9 确保传达信息不出错

在谈话中双方产生误解的根本原因是，尽管说话一方“传达了”信息并向对方“确认了”是否听明白，但倾听一方却没有完全理解。

经常要和下属或后辈打交道的人可能时常遇到这类情况——原本以为对方已经理解自己的意思了，但事实是对方可能完全没搞明白。

为了避免发生误解，请试着实践117页中所写的3个要点。不需要每个都做到，你可以尝试一下哪个有效果就做哪一个。

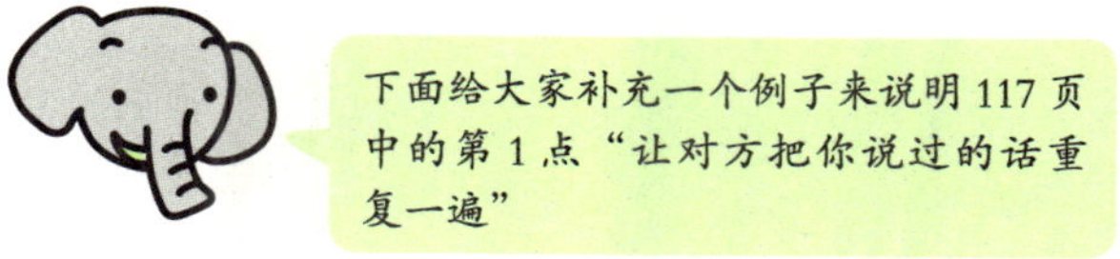

你 “刚刚我们谈到的有关服务的内容对我来说非常有启发。话说，××先生，您怎么看我刚才谈到的这部分内容呢？”

对方 “我同意你的说法，提到服务，我通常就只考虑价格和条件，但你说完之后我发现顾客的满意才是最重要的。”

要点

- 对方对于自己说过的话会有更深刻的记忆。
- 对方会自然而然承担起之后处理这个事情的责任。

准确传递信息的 3 个要点

1　让对方把你说过的话重复一遍

2　把双方已经达成一致的想法再跟对方确认一下

3　当面谈话之后再发一封邮件向对方确认

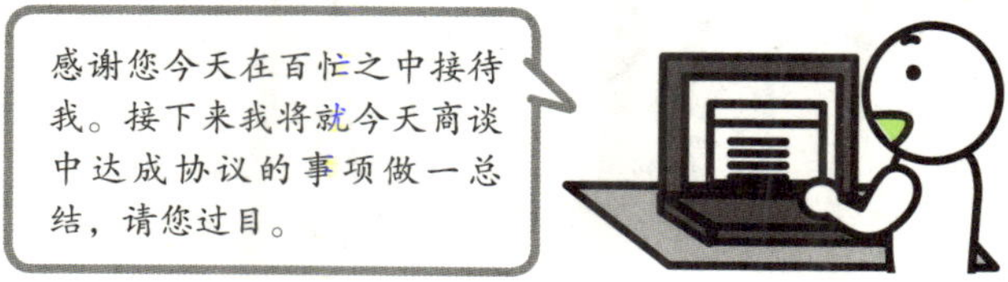

10 理解对方提问的意图

在做报告和商务谈判的时候，别只顾着自己发言，如果能够同时把握好对方提问的机会来加深对对方的理解，就会让交谈变得更为顺畅。擅长做报告的人，实际上都是很好的倾听者。倾听的时候首先需要注意的一点是，要去理解对方提问的意图。

对方提出的问题，一般有如下 3 种目的。

1. 收集和确认信息。
2. 抓住机会表达自己的意见。
3. 挑战你的观点。

这里需要指出的一点是，3 种目的是逐步递进的，如果是出于后面两个目的，那么提问者在提问的时候其实心里已经有了自己的答案。

第一种目的“收集和确认信息”，是指对方只是纯粹地想要了解更多的细节或是确认某些内容而向你提问的。如果是第二种目的，对方虽然嘴上说是有问题，实际上是想借提问的机会表达自己的意见而已。对于这样的情况，其实有时不需要回答对方的问题，直接回应“感谢您的意见”即可。

第三种目的“挑战你的观点”，是指对方提问是为了向你提出反对意见。遇到这样的情况，不要跟着对方的节奏走，冷静地予以应对。

由此可见，对方提出的问题可能是基于以上 3 个目的中的任何一个，因此对于每个问题都坦诚地给予应答未必是一个好的选择。

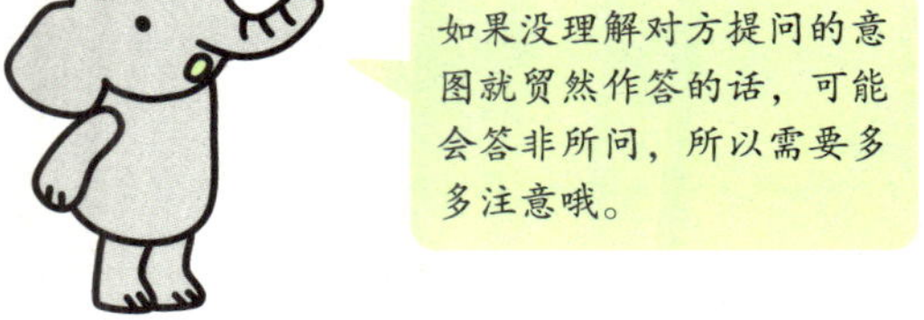

对于3种提问的倾听方法与回答方法

当被问到上一页所提到的“收集和确认信息”“表达意见”“挑战你的观点”这3种问题的时候，分别应该如何回应呢？下面我们具体来谈一谈。

1 收集和确认信息

对方：“关于您刚才谈到的×××方面的内容，能再详细说说吗？”

○ “谢谢您的提问。关于×××的情况，现在在报纸和杂志上也有很多报道。我手边刚好有一本，您可以参考一下。”

对对方想要确认的信息进行详细的解答和回应。

2　表达意见

对方：“我对您刚才讲的○○中要 ×× 的想法非常赞同。实际上我也做过有关○○的项目……”

○ “能够获得您的认可我感到十分荣幸。同时也感谢您给我提出的宝贵意见，我对完成这个项目更有信心了。”

- 对方实际想要说的就是后面自己的见解的部分。
- 对于这类问题，向对方表达对于意见的感谢之后就可以结束了。

3　挑战你的观点

对方：“感谢您的发言。但是关于这个项目我仍然有一个问题，就是本次的提案我感受不到即效性，不知道关于这一点你怎么看？”

○ “您刚才说您感受不到即效性是吧。非常感谢您坦率的提问。那么关于这一点，您有什么高见吗？”

- 感谢对方的意见。
- 反过来将问题抛给对方。

11 在对方挑战时充分发挥倾听的力量

在演讲或是介绍公司产品时，我们可能会遇到拼命跟你唱反调的人，有时甚至会把我们的演讲彻底搞砸。遇到这样糟心的情况，我们应该怎么办呢？

在演讲或是报告提案的时候被台下观众挑战，可以说是最考验倾听能力的时候了。面对来自他人的挑战，可按以下 3 步来加以应对。

1. 重复对方的发言，让对方冷静下来。
2. 向对方提问，请对方讲出他的观点。
3. 听完对方的观点之后提出自己的意见。

当别人对我们提出反对意见的时候，我们如果马上陈述自己的想法加以反驳，等于是火上浇油，对方很可能再次对你的说法予以反驳，最后闹得不可开交没法收拾。

遇到这样的情况，可以冷静地重述刚才对方的发言。“×× 先生刚刚主要想表达的是 ××× 吧。”紧接着说，“那么关于这个问题，×× 先生您有什么高见吗？”把相同的问题抛给对方。在对方说完他的想法之后，回应道：“这个想法非常有参考价值。十分感谢您。”再将目光转向其他人，继续陈述自己的想法。全部说完后可以再次和那个人确认一下：“您看这样可以吗，×× 先生？”

这个方法算得上是一个高级技巧了，因为它能够把很可能成为敌人的人化敌为友，或至少不会真的成为敌人。

下一页中我们将举几个例子来说明一下。

把和你唱反调的人变成伙伴的方法

你在被别人质疑的时候，会不会一瞬间心头一紧？人们都不喜欢被人质疑，这里我们通过几个实际案例为大家展示遇到质疑不会惊慌失措，能够沉着应对的方法。

对方："你的提案太理想化了，我没法接受。"

○ "您说这次的提案有些脱离现实。那您想到了什么切实可行的应对策略呢？"

- 重复对你提出质疑的人的发言，让对方冷静下来。
- 反问对方，请他讲出自己的想法。

对方：“我们必须多听听客户的声音，并且给予配合……”

“谢谢你的建议，我觉得这个建议对于我的提案是一个很好的补充。的确，如果能够多听听客户的声音，我们的决策就会更加有的放矢了。”

- 听完对方的观点之后提出自己的想法。
- 对方有被共情到的感觉。

“您看这样可以吗，××先生？”

- 在和别人交流完想法之后，再次回应刚刚对你提出质疑的人。
- 这会让对方觉得自己受到了尊重。

12 有意识地使用“结论三明治法”

在商务活动场合发言时，比起“起、承、转、合”的表达结构，先把结论抛出来会更受欢迎。所谓先讲结论，是指以“结论—详细内容（根据、数据）—结论”的结构进行表达。

让我们来看看下一页的例子吧。首先是结论：“应该考虑关闭 ×× 店铺。”之后进行详细描述，包括根据和数据等，“因为最近 3 个月的销售额比去年同期下降了近 3 成，持续亏损。车站对面客流量较大，而店铺门前 18 点到 21 点的行人数量比半年前减少了 42%”。最后，重述一遍结论，“在这种情况下，即使加大营业力度也无法弥补亏损”。

我把这个表达结构称为“结论三明治法”。表达结论时把根据和数据等内容放在中间，更容易向他人传达你的想法。

不管是作为管理者去倾听别人，还是向周围人提出意见，如果使用了“结论三明治法”，你会给别人留下一个好印象哦。

✕

起	关于 ×× 店铺销售情况低迷的讨论。
承	近 3 个月的销售额比去年同期减少了 3 成，持续亏损。
转	分析原因后发现，车站后面的电气施工对店铺门前的人流量影响很大。
合	即使加大营业力度也无法弥补亏损，故建议关闭店铺。

○

“结论三明治法”

结论	应该考虑关闭 ×× 店铺。
根据	原因是近 3 个月的销售额比去年同期减少了 3 成，持续亏损。
数据	车站对面的客流量和店铺前 18 点到 21 点的行人数量比半年前减少了 42%。
结论	在这种情况下，即使加大营业力度也无法弥补亏损。因此，建议关闭 ×× 店铺。

表达感谢的时候说“谢谢”，而不是“不好意思”

“不好意思”是在向别人道歉时使用的

英语中有两个句子想必大家都很熟悉，分别是“Excuse me”和“I’m sorry”。这两句话往往是在打扰了别人或是向别人道歉的时候使用的。

如果你住在英语系国家，别人给你端来一杯咖啡的时候，你对对方说“I’m sorry”，对方可能会不知所措，“这人为什么不感谢我而是跟我道歉呢？”

但是在日本，遇到这种情况，很多人都会说“すみません”，意为不好意思。

“不好意思”这句话是在道歉的时候使用的，有一种将自己放在比对方低的位置上的感觉。也就是说，“不好意思”暗含着“I’m not OK”（我不好）的意思，但需要指出的是，“我不好”并不等同于“You are OK”（你很好）。

如果道歉暗含的意思是“我不好”，那么感谢就是在表达“你很好”。把对方放在了一个更高的位置，在尊敬对方的同时自己也能感受到快乐。

因此，在表达感谢时不要再说“不好意思”了，请说“谢谢你”吧。“谢谢你”传达出来的意思是“我很好，你也很好”。

当你跟他人说“谢谢”时，对方也会将感激之情回馈给你。如此这般，感谢如同回力镖一样在你们之间往复，不断加深着彼此的关系。

13 如何不带愤怒地倾听正在发怒的人讲话

在日常生活中，我们不可避免会遇到一些令人愤怒的场景。愤怒是人际关系中众多情感里最为强烈的一种了，而如果深究愤怒的根源，我们也许会发现一些潜藏在当中的其他情感。心理学上把愤怒深处存在着的寂寞、担心、气馁等情绪称为“一级情绪”，把愤怒的感受称为“二级情绪”（参考下图）。

比如，丈夫全然不顾因孕吐而痛苦的妻子，和朋友出去玩了，这惹怒了妻子。的确，妻子对丈夫表现出的情绪是愤怒，但也许在愤怒的更深处是失去丈夫陪伴而感到的寂寞。

愤怒是二级情绪

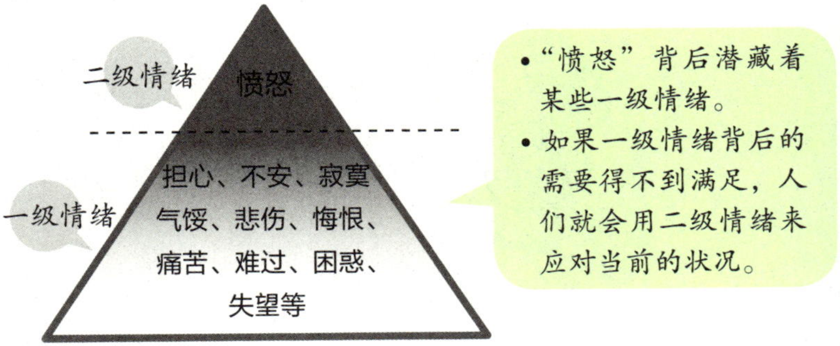

看到对方愤怒背后隐藏的情感

被对方怒斥的时候，如果你能够了解到对方内心深处的真实感受，就不会用愤怒回应对方的愤怒了。

14 适当地表达自己的愤怒

当你被朋友找碴，感到出离愤怒的时候，请试着好好观察一下自己的一级情绪。

这样一来，你可能会发现，你既有因为对方的看法与自己的不同而感到的失望，同时也有因为不被理解而感到的寂寞。

“听到你这么说我感到很失望，突然觉得自己很孤独。”“一直在被你说，我觉得很难过。”相比直接表达自己的愤怒，“你可真是让我恼火！”找到自己的一级情绪并且坦率地表达出来，不会伤害到对方，是一种更好的做法。

找到自己的一级情绪并坦率地表达出来

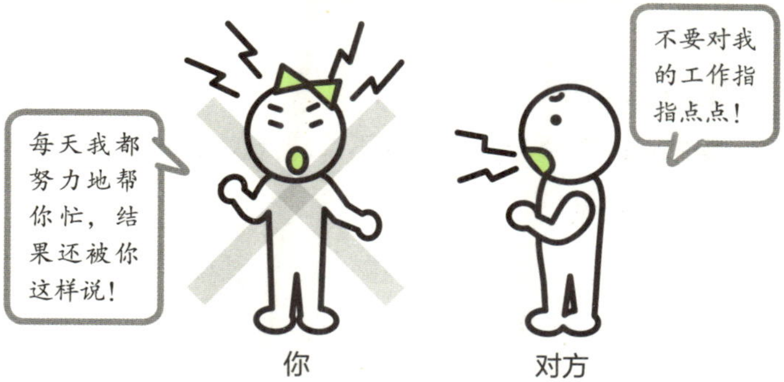

表达自己内心深处的情感

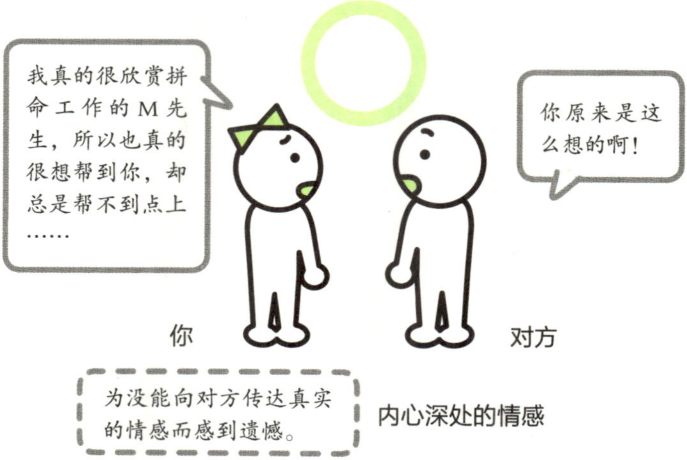

没有必要总是当“好人”

不存在完美的人

我们强调要学会倾听，并不是让大家成为什么都不拒绝的“好好先生”。

在与人交谈、逐渐建立人际关系的过程中，一定是有情感的涌动的。比如在听别人说话的时候，当你觉得对方的做法不可饶恕，或是被对方严厉斥责时，你会忍不住向对方发火。愤怒过后，有些人会觉得不应该发火，对自己有这样的想法或做法感到后悔和自责。但实际上，只要你的愤怒没有招致破坏性的严重后果，其实是可以允许自己有这种情绪的。

我们没有必要总是做一个“好人”。更何况，现实中根本就不存在完美的人。人们都会有感情用事的时候，只要我们能够在冷静之后去妥善地处理，偶尔发泄一下情绪也无妨。

偶尔试着放弃当“好人”吧

第一天
这个能拜托你帮我弄一下吗？
可以啊，没问题。
第二天
拜托啦。
好……好的。
第三天
能拜托你帮忙吗？
今天不行啊……
今天不行！你也稍稍考虑一下我忙不忙啊！
抱歉刚才太忙了，情绪有点激动。
这个事情你可以让××来帮你做吗？

专栏

当别人找我们商量时，分享一下自己的经历吧

给大家讲这样一个故事。

一名员工进入现在的公司已经有两年的时间了，今天他决定找自己的科长谈谈关于离职的事情。他曾在大学毕业找工作的时候立志进入管理咨询行业，但当时失败了，始终不甘心的他想要再挑战一次。

科长并没有强行挽留，而是语重心长地跟员工讲了自己的经历。他曾在学生时代特别憧憬成为一名优秀的律师，但是参加了好几次司法考试最终都铩羽而归，无奈在毕业3年之后才进入现在的公司，直到现在。之后，科长告诉员工，商务界有一句话叫作“商务生涯，五年成一流”，意思是如果想要成为一流的咨询顾问，需要在同一家企业至少花5年的时间来锤炼自己。因此，继续留在公司修炼自己也是一个很好的方法。另外，科长也跟员工建议，如果要换工作的话，不要急于求成，要像三级跳一样按照“单足跳——跨步跳——跳跃”的顺序一步步踏实地走。

可想而知，听完这些话后，这名员工对科长的信任感比之前又增进了许多。

当别人找我们商量时，作为倾听者的我们不要去否定对方，也不要一味地说教，而是可以和他谈谈自己的经历，这样也许能打动对方的心。

第五章

不同场合的谈话示例
——工作篇

“遇到这样的情况，该怎么回应对方呢？”你是否也曾有过这样的疑惑？在本章中，我们将给大家介绍工作场合中可能会遇到的各种难以应付的情境，并为大家讲解每种情况下合适的应对方法。

和初次见面的人打招呼很紧张怎么办

✕ “我不擅长和刚认识的人聊天……”

一开口就是借口和辩解

○ “我现在稍微有点紧张。”
“我这个人在尊敬的人（优秀的人）面前就会很紧张。”

虽然紧张，但还是开口和对方交谈

要点

- 紧张也是没关系的。
- 交谈中偶尔会有紧张卡壳的时候。
- 不要否定自己，坦率地说出来会让接下来的谈话变得更容易。

想要流畅而轻松地和人闲聊

1　主动打招呼、自我介绍

"初次见面，请多关照！"

2　谈谈和对方名字有关的话题

"你的名字很少见（很好听）啊！"

3　谈论工作的话题

"您现在在哪里高就？"
"我看您名片上写着……"

要点

- 有意识地让谈话的过程像三级跳一样按照"单足跳——跨步跳——跳跃"的三个阶段一步步地进行，交流就会变得更加顺畅。
- 一上来就谈工作的话题，会显得唐突不礼貌。

搞不清楚下属想要表达什么意思

✕ “我听不太明白你想说啥啊。”

没有告诉对方你想要的是什么

○ “所以结论是什么呢？”
“你那么说的根据是什么？”
“你能把你刚才的话再总结一下吗？”

要点

- 首先确认结论是什么？
- 当你没办法理解对方想要表达的意思时，你可以按照做演讲时所遵循的“结论→详细情况→总结（结论）”的顺序对对方进行提问，这样就能搞清楚了。
- 不要期待下属一开始就善于表达，要慢慢指导、循循善诱。

一点建议

善用图表对发言进行补充

沟通的时候，特别是在商务场合，比起只用语言沟通，使用图表沟通可以帮助我们避免可能产生的误解。使用图表具有如下 3 个好处。

1. 图像在大脑中留下印象只需要 2—3 秒。

2. 相比单纯的文字或是数字的罗列，图表能够帮助人们更好地把握整体结构。

3. “右脑 + 左脑”配合使用会让记忆更深刻。

图表也分为不同种类，需要根据想要表达的内容，选择合适的图表类型。

饼图：展示构成比率、占有率等时使用。

条形图：展示对比、排名等时使用。

折线图表：展示随时间变化趋势时使用。

因此，今后遇到会议、商谈、演讲等场合时，你可以尝试多用图表对发言进行补充哦。

想要确认工作中的任务有没有遗漏

✕ “那个，关于这件事是这样……关于那个事儿啊……”

絮絮叨叨，喋喋不休

〇 1 “关于 × × 的情况我可以再确认一下吗？”

〇 2 “刚才的内容总结起来，与公司内部事务有关的有 1 点，与外部事务有关的内容有 2 点。”

要点

- 首先清楚地告诉对方需要“报告的”“联系的”和“商量的”分别是什么。
- 把问题或事务分解成若干个小块来解决。
- 在确认任务时要站在“自己能够提供什么帮助”的立场上。

3 “关于公司内部的人事工作，我总结一下。第一点，关于公司外的项目团队成员……由我在本周内确认完毕。第二点，关于 S 公司的策划委托书……就拜托您了。以上的内容您看有什么问题吗？”

把公司内部事务和外部事务分开，把公司内其他部门和自己所属部门的工作分开，把自己的工作和其他人的工作分开……把问题、事务分解成若干小块，再进行确认，如果能养成这样的习惯，就不会感到混乱了哦。

想要了解对方的真实需求

对方："我们公司想要引入几台新的电脑设备。"

✕
"那么你需要买几台电脑？"
"你想要什么样的电脑呢？"

就对方所说的话的表面意思给予回复

○
"买电脑设备是想用来干什么呢？"
"贵公司的最终目标是什么呢？"

要点

- 突出"有何目的？"
- 通过提问来确认对方的目的。
- 意识到对方真正的需求是什么。

善于倾听的人能够让对方 95%的潜在需求凸显出来

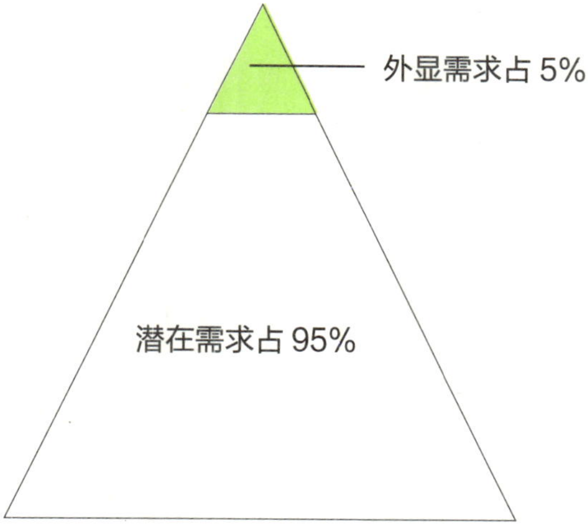

如果你想要了解对方真正的需求，只听对方所说的话的表面意思显然是不够的。真正擅长倾听的人，能够通过提问使对方 95%的潜在需求凸显出来。为了达到这个目标，需要询问对方最终想要得到的东西、想要达到的目标究竟为何。优秀的商务人士往往都具备这个能力，你也尝试实践一下吧。

演讲时吸引听众注意力的 3 个要点

将目光锁定在某个人身上，就像是你在和每个人一对一地交流

无论是公司的会议还是给客户作报告，我们时常需要在很多人面前发言。在这里，我想向大家介绍一下在演讲中能够让你的发言持续引起听众们的兴趣的 3 个要点。

持续引起听众兴趣的第一个要点是，不要一直面向在场的所有人说话，而是一会儿冲着 A 说，一会儿对 B 讲，一会儿又看着 C，仿佛你在和他们一对一地交流。然后，在得到对方点头认同后，继续看着他，再说 2—3 秒的时间。

第二个要点是，不要全程只有你自己在讲，而是偶尔和大家互动，比如：向听众提问“请问在场有体验过

××的人吗？”等，以此引起听众们的兴趣。

第三个要点是，演讲的过程中要加入一些故事或是具体的例子。

仅仅是抽象的描述听众们很难听得进去。因此我们需要加入具体的例子，比如某个地方的某人在什么情境下经历过什么，这会让你的发言的说服力大大提高。

比如，“有一位住在港区的客户购买了××产品，每次可以节省500日元，按照每个月使用3次算（这个部分可以用ppt展示出来），一个月可以节省1500日元”。这样的表达方式，就比单纯地说“使用××产品很划算哦”更有说服力。

想在演讲时吸引听众的注意力，请务必记住以上这3点哦。

部下陷入沉默的时候

✕ “为什么我一说这事你马上就不说话了？”

打破砂锅问到底

○ “莫非你觉得是被我批评了吗？”

替对方表达出他的心情

“你现在在想些什么呢？”

让对方更容易说出内心的困惑

“那么关于刚才说的那个，咱们一起考虑考虑？”

提议一起思考解决方案

要点

- 沉默不语＝对方的抗拒
- 对方可能觉得“说了也没用”“说了也会被批评”。
- 对方沉默的时候，并不是什么都没想。
- 如果一直逼问，对方可能会更加抗拒。
- 相比一直逼问，耐心地等待对方做出反应会更好。

对方不回答我们的提问

"要不先缓一缓，明天找个时间再说吧。"

给对方一点时间冷静一下

阿德勒心理学中有一个基本的思想是"如果对方有抗拒，就先后退一步"。这是防止你和对方关系恶化的一个原则。

如果你不责备对方而是静静地等待，对方就会渐渐感觉到你是信任他的。想要变得善于倾听，一定要有耐心。

对方总是自说自话，喋喋不休

✕ “恕我直言，您这样一直说下去也没什么用……”

打断，否定对方

○ 1 “您刚才讲了 ×× 这样一个情况是吧。”

重述对方的话

○ 2 “您刚才说的关于 ×× 的内容，对我们来说很有参考价值。”

告诉对方自己从他那里学到了有用的东西

○ 3 “在此基础上，我们觉得……”

表明自己的想法

要点

- 要相信对方的喋喋不休就像阵雨一样，不会持续三分钟以上。
- 如果你中途插话的话，对方想讲话的欲望会更强。
- 等待对方说累了要喘口气的时候再表达自己的看法。

不得不和你害怕面对的上司、长辈说话

✕ “这下糟了……真讨厌啊……”（心中的声音）
“怎么才能礼貌地结束这个谈话啊……”（心中的声音）

用消极的情绪和对方交谈

〇 “从像他这样和我不同类型的人身上，应该可以学到不少东西吧。”

用积极的情绪和对方交谈

要点

- 如果一直想着对方是自己不擅长面对的人，想要逃避，那么这个状态就一直不会有改变。
- 尝试硬着头皮迎难而上。
- 在谈话中有意识地去寻找能够和对方合作的点，这样你和对方就比较容易发展出良好的关系。

想要在同事聚会中和初次见面的人搞好关系

"小 ×，你能帮我介绍一下这位先生吗？"

请认识的人帮忙介绍

"方便交换一下名片吗？"

主动和别人搭话

"您刚才的致辞真是太棒了！"
"是什么契机让您来参加这次活动的？"

寻找你们之间的共同点

要点

- 有目的地参加聚会。
- 在聚会上能够自然地和初次见面的人聊天的机会有：
  ①请熟人介绍。
  ②敬酒时。
  ③交换名片时。
- 不主动和人搭话，专注于吃东西，回避与他人社交的态度都是 NG！

在接待的场合，希望能够和对方愉快地交谈

✕ “我是 ×× 工作的负责人，现在正在推进某项目。关于这个项目今后的开展，我们的计划是……”

过多地介绍自己的情况

○ 1　“×× 先生，您最看重的是什么？”

询问对方的想法

○ 2　“那是什么情况您能跟我讲讲吗？”

要点

- 接待的场合是倾听对方讲话的场合。
- 始终当好倾听者的角色，你说的话不宜比对方多（你只在对方提问时说话）。
- 提问的内容要涉及到对方在意的话题、态度、经历等（对方会很喜欢和你谈这样的话题）。
- 你用心倾听，对方会觉得自己受到了重视。

当你不赞成对方的观点时

✕ “我不想谈有关政治的话题。”

否定、打断对方

○ “× × 先生，您是这样想的啊。”

对对方表示理解

○ “关于您刚刚提到的这部分内容，我和您看法一样。关于另一部分，我的看法和您不同。”

告诉对方你和他在哪些地方见解一致、哪些地方见解不同

要点

- 不要立刻反驳对方的观点。
- 当你和对方见解不同时，只针对他所说的某一部分表达反对意见（这样能够更柔和地把自己的观点传达给对方）。
- 如果对对方全盘否定，你们之间的关系就会出现裂痕（对方会认为你在否定他整个人）。
- 表达不同观点时不要感情用事（否则你们之间的关系会出现致命的裂痕）。

想要赢得对方的信赖和喜爱

✕ “真厉害啊！”
“不愧是××！”

会让对方感觉你在阿谀奉承

○ “能听到你这样说，真的非常感谢你。”

向对方表达感激之情

○ “听了你的这番话，真的让我受益匪浅。”

告诉对方自己从他那里学到了东西

要点

- 能够赢得对方信赖的人：
①会真挚地倾听；
②不会打断别人说话；
③让对方觉得你对他的话题感兴趣。
请务必做好以上这三点。
- 过分夸奖对方的话，对方反而会怀疑你是不是在否定他。
- “感谢你”“受益匪浅”是对方最能够接受的表达。

同事遭遇失败，如何给他打气

✖ “最后关头是不是大意了啊？”

语气里带有责备

✖ “算了算了，又不是只有 A 公司一家客户，再从别的客户那儿赚回来呗。”

激励对方

✖ “要不让科长把他的客户分点给你？”

这是倾听者本人的想法

✖ “人生有高峰也有低谷，不要因为这点失败就气馁啊！”

斥责式的激励

✖ “我们开个反思会吧。”

无用的建议

要点

- 不要瞎出主意。
- 指责会让当事人更加消沉。
- 激励或提建议只是站在倾听者的角度，没有站在对方的角度理解对方。

"原来是因为失误惹怒了对方的负责人，结果取消了订单啊。这也太遗憾了吧！"

共情

"有什么能够帮到你的吗？"

询问

要点

- 首先要对对方的状况进行共情和理解，比如："你很失望吧。"
- 在此基础上询问对方："我很想帮助你，你希望我做些什么吗？"
- 如果对方说"我想一个人静静"，那就安静地陪着他。如果对方回答："你能陪我喝点吗？"那你就帮他一把吧。

部下遭遇了失败，很沮丧

“通过这次挑战，你收获了些什么？”

直面挑战的证明

“你有没有领悟到什么重要的事情？”

学习的机会

“在接下来的工作中应该注意哪些方面呢？”

避免下次再犯同样的错误

“如果在5年后或10年后再次回顾这次的事情，你觉得它给你带来了什么积极的意义呢？”

对未来的教训

要点

- 失败是你挑战过的证明，同时也是学习的机会。
- 不要责备对方。
- 应对失败需要遵循以下几点：①道歉；②恢复原来的状态；③避免下次再犯同样的错误。
- 部下或团队成员遭遇失败时，可以通过提问让对方恢复原来的状态和避免下次再犯同样的错误。

想让士气低落的团队打起精神来

带头举手发言

“关于那个项目，我现在有这样一个想法。”

邀请团队成员加入

“有谁想要跟我一起做吗？”

增加赞同者的数量

“你也来帮我一把吧！”

要点

- 当团队士气低落的时候，作为其中一员的你可以做如下3件事情来帮助团队重新振作起来：①带头举手发言；②邀请大家加入进来，共同努力，突破团队的困境；③争取赞成者从10%增长到40%。
- 只要有40%的赞同者就能够成为一股不可忽视的力量，可以发挥相当大的影响力了。
- 不要害怕个别的反对意见，只要你敢于发声，就一定能赢得他人的信赖。

想要在不对对方说“NO”的情况下提出替代的方案

× “完全不行啊你这个方案。”

从头到尾的否定

△ “是这样啊。但是我觉得我的方案更好哦。”

○ “原来如此。话说我这儿也有一个不错的方案。”

要点

- 表达反对意见有以下三种方式：
①“NO”（不是）→对方会有一种被完全否定的感觉；
②“Yes，but”（是啊，但是）→会让人觉得最终还是要否定他；
③“Yes. By the way”（是啊，话说……）→先接受对方的意见，再加上自己的意见。
- 在第③种方式里，“对方的意见＋自己的意见＝第三种想法”，这相当于是在没有否定对方的情况下提出替代的方案，能保持彼此关系的和谐。

如何回避你不想谈论的话题

刚认识不久的时候

"哦，是这样啊……"

不要深入聊，含糊地回应对方即可

彼此已经熟识，同意对方的想法的时候

"我有时候也觉得多听听周围人的意见会更好。"

自然地表达出你和他有同样的观点

彼此已经熟识，与对方意见不同的时候

"我们公司一般是把政治和经济分开考虑的。"

明确告知对方不想继续谈这个话题

要点

- 这种回应方式对金钱、政治、宗教、性等话题十分有效。
- 特别是有关政治和宗教的话题很敏感，没有好好回应的话可能会让关系急剧恶化，而好的回应方式能加深彼此的关系。
- 当被他人邀请参加集会时（特别是价值观不同的情况下），可以以有其他安排为借口委婉地拒绝，以免卷入其中。

和年长者交谈时，聊什么话题能赢得对方的好感？

当我们和平时基本没怎么说过话的公司领导、客户公司的领导和主管、没见过面的年长亲戚等共处一室时，经常会因为不知道应该聊什么话题而感到困扰。

遇到这种情况时，我们要尽可能找到彼此之间的共同点，并在此基础上实践下面介绍的 3 个方法。如果能做到这些，那你的话就能句句说到对方心坎里，甚至让对方刮目相看。接下来我们就按从易到难的顺序介绍一下这 3 个方法。

1. 询问对方喜欢读的书。

2. 询问对方的座右铭。

3. 向对方请教成功的秘诀。

和年长者或是有权威的人交谈时，请记得实践这 3 个方法，并且要表现出你在很有兴趣地听他们说话。无论你们在谈什么话题，都要以对方为主人公，这是一个能够让你在社会地位高的人心中留下一席之地的有效方法。

“您能给我介绍几本您喜欢的书吗？”

询问对方喜欢读的书

“您有座右铭吗，能给我讲讲吗？”

询问对方的座右铭

“想跟您请教一下怎样做才能达到您这样的高度呢？”

向对方请教成功的秘诀

怎样提出请求，对方更容易接受？

✕ “最近孩子出生后花费很大，但指不上我妻子……也不好意思伸手跟父母要钱……然后那个……你能借我一万日元吗？”

要点

让对方感到不快的请求：

①拐弯抹角的请求；

②过分的请求；

③没有站在对方立场上考虑的请求。

○ “你能借我一万日元吗？是这么个情况……”

阐明理由

要点

对方容易接受的请求：

①坦率的请求；

②不会让人感到有负担的请求；

③站在对方立场上为对方考虑的请求。

希望自己的提议能够得到对方的响应

代表朋友请别人帮忙

“大家一起来给小 × 的婚宴搞搞气氛吧！我有个提议啊，我们给他准备一个惊喜，演个模仿短剧，就演小 × 平时在公司的样子如何？”

诚恳地拜托他人

拜托后辈做公司年会的策划

“哟！联谊小王子！需要你帮忙啦！你不是在大学时代经常组织活动嘛，如果你来策划今年的年会，一定会很有意思呢！所以这个事就拜托你啦！”

提议的时候不要让人感到有负担

拜托上司陪同去访问客户

“有件事要拜托部长您。要是您能跟我一起去的话，这次谈判肯定会向前迈进一大步……”

站在对方的立场上考虑

想要表达自己的情感来打动对方的时候

仅凭道理是不能打动人的

有人曾说过这样的话："世界上没有'理动'这个词，但是有'感动'这个词。因为人们都是表达情感来打动别人的，仅凭道理是没法打动人的。"

比起讲道理，通过表达自己的情感来触动对方的情感，更容易打动对方。

比如，你想要邀请某位老师来做演讲，但是你的预算又很低，那么下面两种说法中，哪一种对方更能接受呢？

①"这次和您联系，是因为读过您的书，感觉非常受教，因此想要邀请 ×× 老师您给我们做一场演讲。由于我公司有相关经费规定，课时费不是很充裕，不知道您是否愿意接受这次邀请？"

②"×× 老师，我下定决心给您打这通电话，是因为我真诚地希望能够邀请您来给我们做一次演讲。之

前我读过您的书，让我十分感动。也许您也察觉到了，很遗憾这次没有办法给您提供丰厚的课时费。尽管如此，我仍然真心地希望您能接受我的这次邀约。”

如果按照①的方式发出邀请，对方会变得很理性，这件事情就变成了一个单纯的商务往来。相反，如果像②那样在发出邀请的同时表达出自己的情感，老师受到感动可能也会“意气用事”，愿意助你一臂之力。

因此，不要讲道理，而是用情感打动对方，把自己的情感传达给对方吧。

专栏

当你成为发言者时

当你成为发言者或是尝试去说服别人的时候，“搞清楚如何才能说服对方”和“事先考虑好自己想说的话”是非常重要的。

没有演员在演电视剧或是话剧之前不看剧本的。**如果你决定在人前发言或是说服别人，首先你要考虑好自己想说什么，然后仔细推敲。**

据说，于 2011 年 10 月去世的苹果公司创始人史蒂夫·乔布斯，在每次新产品发布会之前都会花好几天时间思考自己的发言并反复推敲，还会进行彩排。

因此，越是缺乏经验，越是不习惯发言，就越是需要把每次发言都当作求婚一样，好好准备你的发言内容。

第六章

不同场合的谈话示例
——私人生活篇

在本章中，我们将给大家介绍日常生活和私人场合中可能会遇到的各种难以应付的情境，并为大家讲解每种情况下合适的应对方法。

想和初次见面的人愉快地闲谈10分钟以上

“请问您是 × × 先生吧？您的名字有什么含义吗？”

“您老家是哪里呀？”

“您有什么兴趣爱好吗？”

要点

- 有关①名字②家乡③兴趣爱好④家人的话题都是能够帮助彼此建立信赖关系的话题。
- 说话时间的占比尽量做到对方70%自己30%。
- 如果上来就谈工作的话题，有的人可能会退却，不是很愿意谈。

遇到平时没有交流的人

“那件事情后来怎么样了？”
“你好吗？最近过得如何？”

做一个倾听者

“话说，× × 先生最近好像回到咱们这儿了呢。”

聊彼此都认识的人

要点

- 不要长时间地说个不停。
- 揪着一个话题聊很久会让彼此都感到不自在。
- 聊一两句话就可以了，让话题自然结束。

想让对方别再抱怨了

✕ “你打算发牢骚到什么时候？”

断然否定

○ “你很感性呢。”

○ “你对 ×× 这件事情想必是非常关心的吧。”

将消极表达转变为积极表达被称为“重新建构”（reframing），擅长倾听的人在这方面往往都很厉害。关于这部分可以参考 76 页的表格哦。

要点

- 断然否定只会产生反效果。
- 将对方的消极表达转变为积极表达再传达给对方。
- 转变为积极表达后，即使不去否定对方，他也会意识到刚才的抱怨有点过了。

想要听到对方的真心话

✕ “总之，你是这么想的对吧？”

主观臆断

✕ “那个……嗯……我有点难以理解的是……”

拐弯抹角、犹犹豫豫

○ “你真实的想法是怎样的呢？

给对方时间，让他冷静下来

○ “你想要得到什么样的结果呢？”

询问对方希望达到的目标

要点

- 主观臆断会让对方更加受伤。
- 拐弯抹角地询问，你的诉求可能无法传达给对方。
- 通过直接询问对方最终的目的，引导对方说出心底真正的想法。

努力了解对方的需要吧

我们要关心对方真正想要的是什么

无论是作为一个倾听者还是一个说话者，了解对方的需要都是非常重要的。

在培训心理咨询师的时候我经常告诉我的学生："助人是建立在对方有求助意愿的基础之上的。"我们不可能给本来就没想找你商量的人提建议，也不应该在没有完全了解对方需要的情况下把自己的观点强加于人。在合适的时机给出建议，来访者（接受咨询的人）才会更愿意接受。

当你试图说服其他人时也是同样的道理。如果你想要去说服还没有准备好接受你的观点的人，可能会遭到对方的反驳，或者只是表面上赞成你的说法，实际上内心根本没有接受。但如果对方已经做好了准备，你传递出来的想法和愿望就很容易被对方接受了。

因此在这种情况下，一定要去努力了解对方的需要是什么。

所谓的需要，具体指的是对对方来说有好处的事情。这不仅仅指经济上的好处（获得金钱上的利益），也指心灵上的好处（得到快乐，受到周围人的称赞，能和周围人保持良好关系，能够做出力所能及的贡献，自己的进步和成长能够被认可，等等）。

无论是作为一个倾听者还是一个说话者，都要养成关注对方有什么需要、想要得到什么的习惯。如果你掌握了这项技能，周围人对你的信赖感会大大提高哦。

想要安慰伤心的人

×

一起哭泣。
突然把手搭在对方肩上。

○

“有什么我能帮到你的吗？”
“我应该怎么做？你需要我做点什么吗？”

询问对方的愿望

关于这部分，请参考阿德勒心理学的重要概念“课题的分离”。（参照第23页）

要点

- 不要过度亲近对方。
- 不要过多地介入。
- 太过亲近的话，会让对方过度依赖你。
- 有的人想要旁边有人陪伴，但有的人希望自己一个人待着，因此需要询问对方有什么需要。

希望对方敞开心扉，更加开放地和你交谈

✕ “你知道〇〇吗？△△已经结束了吗？”

连续提出对方只需用“是”和“否”回答的问题

〇 “这是什么呢？”
“这是什么时候开始的呢？”
“这事是在哪里发生的呢？”

提出可以用5W1H回答的问题

要点

- 连续问出只能用“是”或“否”回答的“封闭式提问”，对方会越来越不想回答。
- 封闭式提问只适用于开启一个话题。
- 提出可以用5W1H回答的“开放式提问”，对方会和你聊得更深入。
- “〇〇还是△△，你觉得哪个好？”这样的提问方法也有助于对方把话题展开。

听到对方的话，气不打一处来

✕ “才不是那样的！”

被卷入对方的节奏，变得感情用事

○ “能不能明天再谈这个话题？”

提议换个时间或是找机会再聊

要点

- 你听了对方的话感到很生气，往往是因为以下两种情况：①自己想掌握主导权的时候，②和自己的价值观相反的时候。
- 基本原则是不要被卷入对方的节奏。
- 为了让自己冷静下来，可以提议换个时间或是找个机会再聊。

对方感情用事时，想要去安抚他

✕ “你为什么那么生气啊？”

问对方“为什么”

✕ “你这很奇怪啊。”

评价对方

〇 “××先生，你是这么感觉的吧。”

〇 “××先生，你想说的是……吧。”

要点

- 不要用情绪回应情绪。
- 重述对方的话，让他慢慢冷静下来。
- 对方激动的时候如果你能够很冷静地对待，那么对方也会冷静下来。

对方语出惊人，让你一时慌了神

✕

“你居然做了那种事?！”　责备对方

“真是难以置信！”　否定对方的人格

○

“对我来说这个确实很出乎意料。”　以“我”为主语表达自己的感受

“老实说，我真的被吓到了，现在不知道该说点什么了。”　不需要掩饰自己有点慌的感觉

要点

- 慌神并不是一件坏事。
- 可以自由地表达自己作为倾听者的感受。
- 以“我”为主语的表达可以把自己的感受柔和地传达给对方。

两个人都不善言谈，谈话进行不下去了

✕ “……”

陷入沉默

○ “如果是小 C 的话，遇到这种情况会怎么做呢？”

谈起彼此都认识的人的话题

有 3 人在场时

○ “那个，×× 先生你怎么看呢？”

把话题抛给能说会道的人

要点

- 如果两个人（双人关系）的谈话难以进行时，可以把第三个人带到对话当中（三人关系）。
- 无论第三个人是否实际在场，这个方法都是有效的。

在相亲或被人介绍的场合，希望能给初次见面的人留下好印象

✕

"我……我……"

只顾着说自己的事。

"你的年收入大概是多少啊？"

很没礼貌。

"在我看来，这一点很不错。"

以一种居高临下的态度评价对方。

○ "××先生有什么兴趣爱好吗？"

○ "今天能认识你真的很开心！谢谢你！"

要点

想要给第一次见面的人留下好印象……

①真诚地关心对方 ②不要忘记微笑

③记住对方的名字 ④做一个倾听者

⑤找到对方感兴趣的东西 ⑥真心地夸奖对方

出处：戴尔·卡耐基《受人喜欢的6个原则》

想让中意的人更喜欢你

✕ “我对那种事没兴趣。”

漠不关心的态度

✕ “对于你来说这件事可能很重要，但对于我来说不是。”

否定对方

○ “你这么以家人为重，我觉得很了不起。”

肯定对方

要点

- 如果你能够珍视对方所珍视的东西的话，对方也会感觉到自己被珍视。
- 没有必要强迫自己喜欢对方喜欢的东西。
- 只要尊重对方的兴趣和珍视的东西就可以了。

想要好好陪伴情绪低落的恋人并听其倾诉

✕

"你打算低落到什么时候？"

责备对方

"现在不是悲伤难过的时候吧。"

评价对方

"都说了没事啦！多看看好的方面！"

激励对方

○ 默默陪伴在身边

○ "我可以为你做点什么吗？"

要点

- 首先要确认对方是否想说话。
- 无论是过度的献殷勤还是无视都是不对的。
- 不要伤害对方的自尊心。
- 最重要的是要尊重对方的需求。

同伴有好消息时，同他一起分享喜悦

✕

“真了不起！”——给人一种居高临下的感觉

“下次要更上一层楼哦！”——给对方压力

“你是不是有点得意忘形了啊！？”——评价对方

○ “恭喜你！”

○ “看到你高兴的样子，我更高兴了！”

要点

- 不能和别人一起分享喜悦的人，会让周围的人有距离感。
- 通过积极地共情、一同分享喜悦，让彼此的关系更亲密。
- 如果你能和他人一同分享喜悦，当你有好消息时，也会有人替你感到高兴。

和结婚对象的父母见面

✕ 自己不主动说话
不向对方的父母表达敬意

○ “小 ×（结婚对象）一直都很照顾我。”

要点

- 尊重自己的伴侣。
- 也要尊重对方的父母。
- 能否给足对方父母面子，对于日后的翁婿或婆媳关系有很大的影响。
- 不要忘记一点，也许对于对方的母亲来说其他女性都是“对手”，而对于对方的父亲来说其他男性也都是“敌人”。

一点建议

如何让另一半的亲戚们对你产生好感

如果你想要让岳父母或公婆、另一半的亲戚对你有好感，请牢记下述 3 个原则。

1. 把和岳父母或公婆的关系当作工作关系来处理。
2. 严格遵守婚丧嫁娶相应的习俗。
3. 表现出重视对方的态度。

表现出明显更重视自己父母，或是在伴侣的亲戚面前和伴侣卿卿我我，这些行为都会让对方对你的好感大打折扣，因此绝对要避免。还有一件事始终不要忘记，那就是岳父母、公婆真正想见的人是他们的亲儿子亲闺女和孙子孙女。

比起自己原生家庭的父母和亲戚，更重视伴侣的父母和亲戚，这是拥有和谐美满婚姻生活的关键。

专栏

不要忘记以谦虚的姿态倾听他人

想要了解一个人器量的大小，可以去观察他能否谦虚地对待身边人对他的反馈。

器量小的人容易因为一些小事生气，经常觉得自己才是正确的。对于身边的人为他着想而给出的一些建议，他都觉得是在批评和责备自己，很难接受这些建议，还会时常予以反驳。

与此相反，**心胸宽广的人，即便是受到了严厉的批评，也会把这些反馈看作能够帮助自己反思的重要内容，看作能够帮助自己成长的精神食粮。**虽然有时候也会有一点生气，但还是会心怀感激之情。

越是能够以谦虚的心态听取别人意见的人，越是能够不断地成长。这种心态正是成为一个真正善于倾听的人最重要的前提。

第七章

了解自己和对方的人格类型

如果能够在了解彼此的人格类型的基础上进行交往，你和他人之间就更容易建立起良好的关系。本章将会给大家介绍以阿德勒心理学为依据划分的人格类型。你和你身边的人属于哪种类型呢？

你身边都是些什么样的人呢？
6 种类型的生活风格

在心理学中，通常把一个人特有的思考、情感、行为模式称为“性格”，并认为性格一旦形成就很难改变。而阿德勒心理学认为，一个人的思考、情感、行为模式可以通过接受教育和自我努力加以改变，为了和性格区别，将个体特有的思考、情感、行为模式称为“生活风格”。

在这里，我们将生活风格大致划分为如下 6 类（在各个倾向上的强度因人而异）。和别人聊天的时候，你可以对照 6 种类型了解对方是一个什么样的人。

Getter
贪婪型

Baby
婴儿型

Driver
驾驭型

Controller
自我压抑型

Excitement Seeker
兴奋探索型

Armchair
安逸型

Getter 贪婪型

- 拥有“他人为自己服务是理所当然的”信念。
- 时而依赖时而攻击他人的类型。
- “Give and Take”（给予和索取）中索取的部分占有更大的比例，对自己的利益是否受损表现得很敏感。
- 对金钱、物质、别人的关注等非常执着。
- 习惯于接受别人的给予，如果对方辜负了自己的期待，他们就会很生气。
- 在和朋友的关系中，非常关注对方能够为自己做什么。

和这种类型的人的相处方式

- 善用这个人的优势。
- 给他们提供为周围人做贡献的机会。
- 当他表现出良好的行为时，要给予关注。

Baby 婴儿型

- 拥有“想要被别人保护”的信念。
- 被动依赖的类型。
- 强调自己的弱小，以博得他人的帮助和保护。
- 不会积极主动地为别人做些什么。
- 过于依赖他人，回避自己的人生课题。
- 也有觉得自己应该受到别人特别对待的一面。
- 对他人的情绪很敏感，会努力去讨好和迎合他人。
- 容易受到长辈的喜爱，能够做在幕后默默付出的人。

和这种类型的人的相处方式

- 试着让其负责协调的工作。
- 对其进行领导能力的训练。
- 认可他的能力。

Driver 驾驭型

- 拥有“我必须要优秀”的信念。
- 十分努力、坚持不懈。
- 总是想要成为第一名、成为中心人物。
- 有时也会因为太过强势导致与同伴关系疏远。
- 在人际关系中想要掌握主动权，支配他人，同时攻击性也很强。
- 表面上很积极、很有活力，但实际上内心有种空虚感，会为了消除这种空虚感带来的不安而奋发努力。

和这种类型的人的相处方式

- 充分发挥其领导能力。
- 最好能有一个人从旁协助。
- 避免和他争夺主导权。

Controller 自我压抑型

- 拥有“我绝对不可以失败”的信念。
- 冷静。
- 十分守时、爱干净、注重仪表，很遵守秩序和规则。
- 很少表露自己的情绪。
- 周围的人都会觉得这个人冷静、知性。
- 他们不是没有情感，而是有拼命抑制情感流露的倾向。
- 会按照确定好的步骤、计划踏实地工作。
- 遇到突发事件时会感到困扰和手足无措，有时候周围人会觉得这个人有点“死心眼儿”。
- 工作一丝不苟、细致准确，是那种把事情交给他你会很放心的类型。

和这种类型的人的相处方式

- 拜托这类人做某事的时候，需要明确告诉他截止日期和需要达到的精确程度。
- 接受他的反馈。
- 有时可以劝劝他不要太勉强自己，偶尔也要放松一下。

Excitement Seeker 兴奋探索型

- 拥有“我想要开心”的信念。
- 好奇心旺盛。
- 喜欢像活动、庙会那样热闹的场合，有的时候甚至故意去体验一些危险的活动来追求刺激，偶尔有破坏规则的情况发生。
- 做事情往往一开始干劲十足，但中途有可能就变得厌倦了。
- 好奇心旺盛，玩心大，也因此时常有独特的想法。

和这种类型的人的相处方式

- 引导他们与同伴们一起分享快乐。
- 对他们的想法给予尊重。
- 有时也需要拉一拉他们身上的“缰绳”。

Armchair 安逸型

- 拥有“我想要轻松自在”的信念。
- 会给周围的人一种“如果他再认真点肯定能做得更好”的感觉，周围人很替他着急，但本人并不在意，会一如既往地贯彻他自己的行事风格。
- 不愿意承担麻烦、辛苦、责任重大的事情，表现的欲望也不强。
- 实际上这类人也有自己在意的事情，但是周围的人察觉不到。

和这种类型的人的相处方式

- 不要让他和同是这个类型的人一起做事情。
- 尊重他们独特的看待事物的方式。
- 请他们做事情的时候最好把内容凝练之后传达给他们。

跟任何类型的人相处时都要避免的行为是什么?

在本章中，我们已经介绍了和各种性格类型的人的相处方式，接下来我们讲讲什么行为是在和任何类型的人相处时都要避免的。

对于一个人来说，无论是他身上好的地方还是不好的地方，当这个地方被周围人关注的时候，它会得到强化。如果我们只关注一个人身上不好的地方，你会发现他身上负面的行为会越来越多，而如果我们把目光转向好的方面，他身上正面的行为会越来越多。

批评别人的缺点时，无论是批评的人还是被批评的人，双方都觉得心情很糟。因此不管和什么类型的人相处，我们都需要多关注对方好的一面。

由 2 种类型结合而成的复合型

除了上述 6 种类型之外，还有些人是属于复合型的。

Getter + Driver

别名 实干派

- 他们是非常能干的人，同时也很想得到别人的关注和关心。
- 很多艺人属于这个类型，他们会为了获得关注和关心而努力。
- 对金钱、权力等的感觉很敏锐，会努力地追求这些东西。
- 这类人中成功人士很多，但是一旦得不到周围人的关注和关心，就会失去前进的动力，感受到巨大的挫折。
- 这类人很擅长讨好名人和掌权者。

和这类人说话的时候……

- 把你的感激之情向他表达出来。如："你真厉害！""不愧是你啊！"
- 发现他身上和某位人气艺人相似的地方并告诉他。
- 给他提供能成为主角的机会。

Driver + Baby

别名 中层管理者型

- 会因为得到上司信赖而努力成长的人。
- 就像一个家中最小的儿子，是协调型的领导者。
- 当受到长辈或后辈的信赖时，他们会心甘情愿为他人默默付出，充分发挥出领导才能。
- 善于根据每个人的特点将其安排到合适的位置。

和这类人说话的时候……

- 要特别对他们细致的关心表达感谢。
- 鼓励他发挥出自己的决断力和领导力。
- 偶尔可以给他担当领导的机会。

Driver + Controller

别名 完美主义型

- 从压力管理的角度来看，他们属于 A 型人格。
- 不允许模糊不清，对自己和他人（比如下属）都很严格。
- 朝着自己的目标拼命努力，期待做到完美。
- 决不妥协、奋力向前的类型。

和这类人说话的时候……

- 避免模糊不清的表达。
- 当他将工作安排给你的时候，要确认“到什么时候截止”和“做到什么程度”。
- 表达出对他们的信赖。

Driver + Excitement Seeker
别名 项目推进者型

- 能够在短时间内集中精力不断奋进，但无法保持长时间专注。
- 做事情有时会有虎头蛇尾的情况。
- 以田径比赛类比，这类人很擅长短距离项目，长距离就不太行了。
- 如果自己的工作被别人干涉了，就会萌生厌恶、放弃的想法。
- 比起孜孜不倦地完成日常工作，更喜欢专心致志于策划这类工作。

和这类人说话的时候……

- 与他们分享喜悦。
- 要让他们看到阶段性的目标（如1个月后、3个月后分别实现什么目标）。
- 承担起制约他们的角色。

Baby + Controller

别名 追随者

- 习惯于旁观情况的发展，并不怎么做出行动。
- 观察他人，只在觉得无论如何都需要自己行动的时候才去做点什么。
- 比起担当领导者，更习惯于做一个追随者。
- 有时候也会在事后后悔“当时我要是做了 ××× 就好了”。

和这类人说话的时候……

- 明确地告知他的职责范围。
- 在他面前充分发挥自己的领导能力。
- 多说些能够给予他勇气的话。

Controller + Excitement Seeker

别名 把事情做到极致的人

- 即使是要花很长时间才能完成的工作，也不会觉得辛苦。
- 是那种能够花很多年时间专心在一件事上最后有所作为的类型。
- 不会见异思迁。
- 能够让自己特殊的才能得到发扬光大。

和这类人说话的时候……

- 认可对方的执着和努力。
- 让他在自己擅长的领域深耕。
- 赞赏他的持之以恒。

后记

感谢你将这本书读到了最后。

阿德勒心理学在改善人际关系和促进人际沟通的领域的应用有着非常突出的效果，而我对阿德勒心理学的普及也已经超过30年。在这个过程中，我写过各种主题的著作，其中特别以人际沟通为主题的书籍有两本，分别是《基于阿德勒心理学的咨询思维培养方法》（2000年）和《让人Happy的阿德勒说话方式》（2015年）。

然而有些遗憾的是，这两本书中，前者是以企业管理者为主要读者而写的有关企业咨询的书，和倾听方法相关的内容只是附带提到了一些而已。而后者主要聚焦说话术、表达方法。

于是，我冒出了一个想法，我要写一本专门讲解“倾听方法”的书。

来Human Guild咨询中心寻求心理咨询的人当中，大部分都会跟我诉苦说：“人际关系真是太令人困扰了。”如果深入了解，你会发现人际关系中的大多数烦恼都是来自于不太会和别人交流。

绝大多数来访者会跟我说，想要通过咨询学会好好地把自己的情绪表达出来，但是仔细听了他们的话之后会发现，他们的问题实际是出在没有能够很好地对别人所说的话给予合适的回应。也就是说，是“倾听方法”上出了问题。

除此之外，很多人还会有另一个误解。

在公司里，人们成为主管、有了下属之后，就会开始琢磨“该怎么把我的想法准确地传达下去呢？”“怎么说话比较合适呢？”受这些问题的困扰，人们就会去找一些关于“教你说话”或是“如何做演讲”的书来阅读。

当然，这些能力也是很重要的，只是我们需要考虑下属心中对我们的期待是什么。相比于“希望领导变得更加能说会道”，我想他们更希望的是领导可以认真地倾听自己说话吧。于是，我们大概可以得出一个结论：善于和别人交流→人际关系良好。以这样一个想法为契机，我决定写一本专门讲授“倾听方法”的书。

在奇妙的机缘下，这一想法在KANKI出版社的帮助下实现了。

现在你手中的这本《阿德勒的倾听术——沟道是听出来的》是用阿德勒心理学的观点讲解如何倾听的一本书。

不管你平时是害怕社交，还是不善言谈，这都不是问题。

只要你能把书里所讲述的“倾听方法”都铭记于心并且勇于实践的话，你就会变得：很容易让别人对你有好感，了解到的信息也会更加丰富，能够更好地帮助他人解决问题。这不仅能够帮助你和他人建立相互信赖的关系，还会让你越发能够接纳自己。因此，不断去挑战和实践吧。

最后要说的是，本书是以曾经由明日香出版社出版的《图解“说话术”》为基础进行写作的，在 KANKI 出版社常务董事山下津雅子女士、SILAS 咨询董事长星野友绘先生的大力帮助下得以完善。如果没有两位的支持，本书的问世绝不会如此一帆风顺。从这个意义上讲，我十分感谢山下先生和星野先生。

同时，我也向在版权转让方面给予我大力支持的明日香出版社表示由衷的感谢。

岩井俊宪

图书在版编目（CIP）数据

浙 江 省 版 权 局
著作权合同登记章
图字：11-2019-184号

阿德勒的倾听术 ：沟通是听出来的 /（日）岩井俊宪著；张达译. — 杭州 ：浙江人民出版社，2023.1

ISBN 978-7-213-10792-4

Ⅰ. ①阿… Ⅱ. ①岩… ②张… Ⅲ. ①人际关系-社会心理学-通俗读物 Ⅳ. ①C912. 11-49

中国版本图书馆CIP数据核字(2022)第175629号

阿德勒的倾听术：沟通是听出来的

[日]岩井俊宪 著 张达 译

出版发行：浙江人民出版社（杭州市体育场路347号 邮编 310006）
市场部电话：(0571)85061682 85176516
责任编辑：王 易
营销编辑：陈雯怡 陈芊如 张紫懿
责任校对：戴文英
责任印务：幸天骄
封面设计：刘 俊
电脑制版：杭州兴邦电子印务有限公司
印 刷：杭州钱江彩色印务有限公司
开 本：787毫米×1092毫米 1/32 印 张：7
字 数：110千字 插 页：2
版 次：2023年1月第1版 印 次：2023年1月第1次印刷
书 号：ISBN 978-7-213-10792-4
定 价：42.00元